PATRIMOINE NUMÉRIQUE ET DROIT PATRIMONIAL DE LA FAMILLE

Cet ouvrage est issu des actes du colloque du 31 mars 2023
organisé par le Centre de recherches sur l'entreprise,
les organisations et le patrimoine de l'Université de Limoges,
en collaboration avec la Chambre interdépartementale
des notaires de la Corrèze, de la Creuse et de la Haute-Vienne
et avec le soutien des éditions Francis Lefebvre Notaires.

PATRIMOINE NUMÉRIQUE ET DROIT PATRIMONIAL DE LA FAMILLE

Sous la direction de
Gulsen Yildirim

Avec les contributions de

François Acquatella, Wilfried Baby, Manuella Bourassin,
Annie Chamoulaud-Trapiers, Jérémy Houssier, Karl Lafaurie,
Thierry Leobon, Nadège Mouligner-Baud, Marc Nicod,
Pierre-Nicolas Rehault, Bernard Vareille,
Orianne Vergara, Gulsen Yildirim

Lefebvre Dalloz

DALLOZ

2024

DALLOZ

Tour Lefebvre Dalloz – 10, place des Vosges
CS90358 – 92072 Paris La Défense Cedex

ISBN : 978-2-247-23075-4

Sommaire

Préface

Mes amis, anciens étudiants, anciens doctorants et collègues de tous âges, ont en commun beaucoup de malice et un sens aigu du contraste. Ils ont mis une insistance troublante, suspecte même, à s'assurer de ma présence effective pour présider aux développements innovants d'un colloque original, consacré au patrimoine numérique. Cette manifestation scientifique pluridisciplinaire, qui donne lieu à la présente publication, s'est déroulée sous le timbre de notre cher CREOP, enfant bien portant et imaginatif d'un collectif d'universitaires provinciaux et enthousiastes.

Qui aurait pu deviner qu'en réalité un thème si moderne fût tout entier dédié à l'auteur de ces quelques lignes?

Le pari était téméraire que de confier la police d'échanges aussi novateurs à un amateur patenté de plumes révolues, d'artistes démodés, de musiques oubliées. Une dystopie saisissante : les mânes de Philip K. Dick ont plané sur Limoges...

* *
*

Nos grands-mères disaient avec des mots simples la stupéfaction qui fut la leur lorsque, depuis le seuil de leur logis, elles virent paraître au ciel le premier aéroplane pétaradant ; et voilà que nos petits-enfants dénouent en un tournemain, sans explication superflue, les égarements sournois des applications capricieuses de nos smartphones. Quelle *disruption*, en un siècle! Les voyages sont désormais guidés non plus par la course du soleil ou le plan de la ville, mais par la voix impersonnelle et doucereuse d'une Ariane d'aéroport qui nous enjoint poliment de tourner « légèrement à droite ». En un tour de passe-passe de téléphone portable, nous acquittons le prix que pallie le mystère d'un code-barres. On découvre l'histoire locale ou le menu du jour en visant avec fierté, cible omnisciente, la dentelle bavarde d'un QR code. La musique qui nous enchante, électronique, accompagne une voix humaine envoûtante mais irréelle, rajustée, amendée et amplifiée par le *plugin auto-tune*. Voilà même, enfin, qu'il est loisible de réfléchir avec le secours inquiétant d'une intelligence ô combien artificielle, surhumaine, et à coup sûr parfaitement dénuée de scrupules.

Notre paysage familier se peuple, en somme, d'artifices, d'artéfacts, de fac-similés ; en un mot : de virtuel. Tout cela s'accélère de façon machinale et exponentielle, cependant d'ailleurs qu'une solitude existentielle cruelle et amère, syndrome sociétal pathétique, ruisselle des réseaux sociaux, où chacun se raconte sans pudeur à une foule de pseudonymes malintentionnés. Le quotidien s'éloigne de la réalité concrète pour laisser place insensiblement à un jeu de pistes immatériel et numérisé.

Et le patrimoine, dans tout cela ? Serait-il le dernier refuge de valeurs sempiternelles, pierre, titre, or et numéraire ? Survivra-t-il, inchangé, impavide, indifférent à la révolution du virtuel ? Ce serait étonnant[1].

Nous voilà désormais doublés d'un monde parallèle pétri de science-fiction et féru de technologie, à la fois éthéré et augmenté : les *métavers*. Or, sous l'égide de cette réplique abstraite de la société des hommes, se développent diverses activités patrimoniales désincarnées, échanges, achats, investissements, que tout rapproche de leurs homologues tangibles, au point qu'elles finissent par s'inviter dans notre patrimoine. À chaque bien concret correspond son reflet numérique : monnaie cryptée, œuvre d'art immatérielle, jetons protéiformes, porte-monnaie électronique... Et tout cela garde l'équilibre en avançant, comme le vélocipède, non sans quelques cahots.

À la lecture des travaux qui suivent, chacun mesurera combien vastes sont les frontières de ce patrimoine fantomatique, nouveau venu discret mais prospère, en constante expansion à l'instar de l'Univers. Dans une démarche existentialiste, l'innovation précède la réflexion. C'est pourquoi des catégories nouvelles et inexplorées naissent chaque jour. Cela suscite-t-il un inéluctable désarroi de l'économie, de la gestion et du droit devant l'évolution vertigineuse des choses de la vie virtuelle ? Paresse ou manque d'imagination ? Nos vieux concepts, nos repères habituels, seront-ils submergés, dépassés, incapables de s'emparer sereinement de ces biens nouveaux ?

On s'efforce spontanément de se raccrocher à de rassurantes notions familières. Au fil des échanges, une intuition paraît s'insinuer. Gageons que plus sophistiquées sont ces technologies et impalpables ces nouveaux avoirs, plus rudimentaires pourraient être les instruments juridiques de nature à les embrasser : échange, subrogation réelle, distinction du fongible et du non-fongible, propriétés intellectuelles et incorporelles, achalandage... L'hypothèse méritera d'être vérifiée demain à l'épreuve du contentieux.

* *
*

1. V. déjà, en son temps : P. Catala, « Les transformations du patrimoine dans le droit civil moderne », *in* VIIe congrès international de droit comparé, Uppsala, 1976, Contributions françaises, Études de droit contemporain (Travaux et recherches de l'Institut de droit comparé de l'Université de Paris), Cujas, 1966, p. 151.

Ce colloque savant a valu au soussigné le vrai plaisir et la grande surprise de voir réunis à la chaire ainsi que dans les gradins des amis très chers, venus pour certains de fort loin ; mais il lui permet aussi de porter un regard infiniment plus lucide sur un phénomène juridique passionnant, de lui jusque-là méconnu, obscurci qu'il était à ses yeux par une technicité ésotérique. Pour qui cheminait sur ce terrain-là dans l'obscurité la plus épaisse, à l'aveuglette, il y a de quoi éclairer considérablement le sentier. Vialatte l'a dit plaisamment : « La Lune a beaucoup plus d'importance que le Soleil qui n'éclaire les hommes que le jour. Elle les éclaire la nuit, ce qui est beaucoup plus utile[2]. » Les travaux pluridisciplinaires de ce colloque comptent au nombre de ceux qui auront représenté un petit pas pour celui qui s'est contenté d'y présider, mais un grand pas pour la connaissance des phénomènes patrimoniaux contemporains.

Bernard Vareille
Professeur émérite de l'Université de Limoges,
président honoraire de l'Université, doyen honoraire

2. A. Vialatte, Chronique n° 780, *La Montagne* du 22 sept. 1968.

Avant-propos

L'avènement du numérique constitue probablement l'un des bouleversements les plus singuliers de notre société. En quelques années, nous avons amplifié les prolongements de notre personne et de notre patrimoine dans l'espace numérique dénué de frontières. Cette révolution nous interpelle tant comme simple citoyen que juriste[1].

Sur le plan patrimonial, le numérique ne se contente pas de modifier les modes de détention et de gestion des actifs traditionnels. Il crée ses propres actifs qui contribuent à la création d'un « patrimoine numérique » d'un ordre nouveau comme les cryptomonnaies dont la plus connue est le Bitcoin. D'ailleurs, même nos données personnelles sont devenues une valeur économique que l'on s'arrache et la femme ou l'homme « numérisé(e) » est capable de survivre à sa mort physique. La multitude de traces laissées interroge inévitablement sur les droits et obligations qui y sont liés.

Confronté au droit patrimonial de la famille attentif aux contours du patrimoine, le numérique pose inévitablement une question de définition. La tentation est de rattacher ce patrimoine immatériel à une catégorie connue dans la base du droit. Le flou qui caractérise sa composition rend difficile la tâche du juriste qui doit faire appel à l'éclairage d'autres disciplines.

Ces nouveaux actifs se télescopent avec les vieux canons du droit patrimonial de la famille. Tout l'enjeu est celui de l'identification de ces biens numériques et, surtout, de leur intégration dans le patrimoine. Si tel est le cas, leur utilité et leur valeur indéniables obligent à les qualifier et à assurer leur transmission. Or dans cette confrontation, c'est le raisonnement juridique qui l'emportera pour les rattacher à une règle de droit existante. Loin d'être une menace, le monde libertaire du numérique ne parvient pas donc à s'échapper aux règles traditionnelles du droit patrimonial des couples, du droit des successions et des libéralités, ce qui témoigne de leur formidable capacité à s'adapter. « Faire du neuf avec l'ancien ! » Voilà ce qui semble déjà se dessiner...

Ainsi le colloque « Patrimoine numérique et droit patrimonial de la famille », organisé par le Centre de recherches sur l'entreprise, les organisations et

1. 117e Congrès des notaires de France, *Le numérique, l'homme et le droit. Accompagner et sécuriser la révolution digitale*, Nice, 2021.

le patrimoine (CREOP) de l'université de Limoges en mars 2023, a tenté de surmonter le défi du numérique sous le regard bienveillant d'éminents spécialistes et de professionnels confrontés régulièrement à ces incertitudes.

L'approche transdisciplinaire, marquée par la présence de chercheurs en économie ou en sciences de gestion, offre, à n'en pas douter, une analyse utile aux juristes, parfois désarçonnés face à cette révolution numérique, pour appréhender ces nouveaux biens.

Ce regard croisé est la marque de fabrique du CREOP, créé en 2003, qui fut l'un des premiers laboratoires bi-disciplinaires droit et gestion. Ce projet ambitieux, dans un monde de la recherche souvent cloisonné, avait pour objectif de permettre aux gestionnaires et aux juristes de mener des recherches communes sur le thème de l'entreprise et, plus largement, des organisations et du patrimoine des acteurs économiques. Cette approche conjuguée ou transdisciplinaire répond à une véritable nécessité dans la mesure où l'entreprise ou le patrimoine est rebelle aux programmes conventionnels et aux cloisonnements disciplinaires. L'innovation numérique qui constitue un axe majeur de recherches au CREOP est le parfait exemple de cette étroite imbrication des disciplines.

C'est ainsi que cet ouvrage retranscrit, aussi fidèlement que possible, cette démarche innovante à travers les propos tenus et les points de vue défendus par les participants lors de cette journée consacrée au patrimoine numérique en droit patrimonial de la famille.

Ce colloque dédié à Bernard Vareille, professeur émérite à l'université de Limoges, a été l'occasion de rendre hommage à son engagement en faveur du service public de l'enseignement supérieur et de la recherche et à son œuvre en droit patrimonial de la famille, œuvre qui aura marqué des générations d'universitaires, d'étudiants et de professionnels.

Il me revient de remercier tout particulièrement l'ensemble des intervenants. Il ne fait aucun doute que leurs contributions sur cette interaction entre le numérique et le droit patrimonial de la famille susciteront des réactions qui ouvriront assurément de nouvelles pistes de réflexions !

Gulsen Yildirim
Professeur à l'Université de Limoges,
directrice exécutive du CREOP,
organisatrice du colloque

INTRODUCTION

À la recherche d'une définition du patrimoine numérique

Regards du juriste

KARL LAFAURIE

Agrégé de droit privé et sciences criminelles, professeur à l'Université de Limoges (CREOP – UR 15561)

1. *La recherche vaine d'une universalité numérique.* – Le patrimoine est à la mode ! Des décennies après l'heureuse trouvaille d'Aubry et Rau, beaucoup de patrimoines ont fleuri sous les plumes juridiques contemporaines : patrimoine génétique[1], patrimoine commun de la Nation[2], patrimoine commun de l'Humanité[3], patrimoine de dignité[4], et, plus récemment, « patrimoine professionnel[5] ». S'ils ont une fonction évocatrice indéniable, nombre d'entre eux présentent, du point de vue de la technique juridique, quelques difficultés[6], dès lors que la notion juridique de patrimoine, sauf à être profondément revisitée, renvoie à une universalité comportant des actifs de nature patrimoniale, c'est-à-dire évaluables en argent, mais aussi des éléments de passif. La loi elle-même semble bien regarder, de manière assurée, le patrimoine comme une universalité de droit[7], ainsi que l'illustre la réforme du statut de l'entrepreneur individuel[8].

1. V. par ex. décision n° 1982/2006/CE du Parlement européen et du Conseil du 18 déc. 2006, art. 6.2. Sur cette notion, v. F. Bellivier, *Le patrimoine génétique humain. Étude juridique*, thèse, Paris I, 1997.
2. V., par ex., C. envir., art. L. 110-1, I. Sur cette notion, v. not. I. Savarit, « Le patrimoine commun de la nation : déclaration de principe ou notion juridique à part entière », *RFDA* 1998. 305.
3. V., par ex., convention de Montego Bay des Nations unies sur le droit de la mer, 10 déc. 1982, art. 136. Sur cette notion, v. not. A.-C. Kiss, *La notion de patrimoine commun de l'Humanité*, Rec. cours La Haye, 1982.
4. V. J. Rochfeld, *Les grandes notions du droit privé*, 3e éd., PUF, coll. « Thémis droit », 2022, notion n° 6, nos 24 s.
5. C. com., art. L. 526-22. Sur cette notion, v. not. F. Colasson, *Le patrimoine professionnel*, préf. B. Vareille, thèse, PULIM, 2006.
6. V. F. Terré, « L'humanité, un patrimoine sans personne », in *Mélanges P. Ardant. Droit et politique à la croisée des cultures*, LGDJ, 1999, p. 339.
7. Pour des critiques sur la définition du patrimoine comme universalité comportant tant des éléments d'actif que de passif, v. A. Sériaux, « La notion juridique de patrimoine. Brèves notations civilistes sur le verbe avoir », *RTD civ.* 1994. 801 ; D. Hiez, *Étude critique de la notion de patrimoine en droit privé actuel*, préf. P. Jestaz, thèse, LGDJ, coll. « Bibl. dr. privé », t. 399, 2003, nos 39 s. et 294-295 ; N. Jullian, *La cession de patrimoine*, préf. R. Mortier, thèse, Dalloz, coll. « Nouv. Bibl. de Thèses », t. 174, 2018, n° 50-51.
8. V. C. com., art. L. 526-22 préc. et L. 526-27, al. 2 : « Le transfert universel du patrimoine professionnel emporte cession des droits, biens, obligations et sûretés dont celui-ci est constitué. »

Le même constat s'impose-t-il pour l'une de ces dernières manifestations de la diversification sémantique du patrimoine qu'est le « patrimoine numérique »? Même si l'expression est employée par certaines institutions, notamment l'Unesco qui a élaboré des « Directives pour la sauvegarde du patrimoine numérique[9] » et une « Charte sur la conservation du patrimoine numérique[10] », le patrimoine numérique ne semble pas constituer, à proprement parler, une universalité de droit. Sans évoquer l'inexistence d'un passif numérique, le patrimoine numérique souffre en particulier de l'absence d'affectation qui est au fondement du patrimoine[11]. Or l'affectation propre aux universalités renvoie à la notion de but, plus que d'objet[12], de sorte qu'il est difficile de voir en quoi la nature numérique d'un ensemble de choses pourrait être le ferment de la cohésion d'un contenu autour d'une finalité commune. La cohérence doit davantage se trouver dans une activité dont la richesse n'est jamais exclusivement numérique. Il est alors possible de conclure avec Pierre Catala, dont le propos est toujours d'actualité, qu'« en un temps où le devenir l'emporte chaque jour sur l'être, le patrimoine a connu d'amples transformations. Seulement, celles-ci affectent la substance plutôt que le concept[13] ».

2. *La réflexion fructueuse sur la patrimonialité des choses numériques.* – Dans la perspective d'une recherche collective consacrée au droit patrimonial de la famille, la notion de « patrimoine numérique » a cet avantage de permettre d'identifier de manière globale l'objet de l'étude, mais qui sera simplement entendu comme un ensemble, dépourvu de toute autonomie systématique, comprenant des biens numériques. L'intérêt d'une telle étude apparaît alors rapidement, tant il est devenu un lieu commun de relever la transformation du contenu des patrimoines, à la faveur notamment d'une dématérialisation des choses. L'enjeu se concentre donc sur l'identification de ces choses numériques et, surtout, sur l'admission de leur intégration dans le patrimoine. En effet, de nombreuses conséquences en découlent en droit patrimonial de la famille, puisqu'il faut maîtriser l'incidence de la qualification de biens de ces actifs numériques sur les patrimoines familiaux : patrimoine commun des époux, patrimoine indivis des couples et des familles et, enfin, patrimoines successoraux. Ainsi la question de la patrimonialité de ces actifs numériques

9. Unesco, Charte sur la conservation du patrimoine numérique, 15 oct. 2003.

10. Unesco, Directives pour la sauvegarde du patrimoine numérique, mars 2003, CI-2003/WS/3, p. 75.

11. V. not. H. Gazin, *Essai sur la notion de patrimoine dans la doctrine classique*, thèse Dijon, 1910, spéc. p. 371 s. ; S. Guinchard, *L'affectation des biens en droit privé français*, thèse, LGDJ, coll. « Bibl. dr. privé », t. 145, 1976, n°s 382 s.

12. V. S. Guinchard, *L'affectation des biens en droit privé français*, thèse préc., *passim* ; G. Wicker, *Les fictions juridiques. Contribution à l'analyse de l'acte juridique*, préf. J. Amiel-Donat, thèse, LGDJ, coll. « Bibl. dr. privé », t. 253, 1996, n° 313 s.

13. P. Catala, « La transformation du patrimoine dans le droit civil moderne », *RTD civ.* 1966. 185, n° 2.

s'avère-t-elle déterminante puisque c'est *a priori* la condition pour que leur existence ait des répercussions sur le droit patrimonial de la famille.

Il est alors temps, pour donner un premier élément de réponse, d'essayer de définir les actifs numériques. Au premier sens du terme, numérique renvoie à ce « qui est représenté par un nombre[14] ». Appliqué aux biens, seraient donc numériques les actifs « susceptibles d'être représentés sous forme de valeurs chiffrées, qui peuvent ensuite être rassemblées dans un fichier informatique[15] ». Ces actifs, comme les logiciels, les livres numériques, les monnaies virtuelles, sont manipulés par des systèmes informatiques et circulent à travers le réseau Internet ou, de manière moins moderne, par des supports de stockage d'informations (disquette, CD-Rom) pour être enregistrés sur l'appareil permettant d'en user (ordinateur, téléphone, liseuse...).

Cette première approche permet de rattacher l'actif numérique à la catégorie des choses incorporelles. Il est vrai qu'il existe un débat sur la corporalité des biens numériques, renvoyant au constat qu'avait déjà réalisé Jean Carbonnier au sujet de la substitution de l'énergie à la matière, laquelle reste rattachée à la physique[16]. En ce sens, l'auteur d'une thèse pionnière sur le logiciel a pu qualifier ce bien, même sans support, de bien meuble corporel en ce que le « déplacement de cet objet nécessite l'intervention d'une "force étrangère" », laquelle est « fondée sur l'énergie électronique[17] ». L'argument peine pourtant à emporter la conviction, non seulement parce qu'il occulte la tangibilité que suppose la qualification du *corpus*, mais surtout en ce qu'il efface le contenu informationnel au profit du support électronique dans lequel il est incorporé alors que l'essence des choses numériques réside dans leur contenu informationnel[18]. En lien avec cette vision excessivement corporéiste de la propriété[19], un autre débat semble aussi dépassé, celui de la patrimonialité des choses incorporelles. Comme l'ont souligné des auteurs, « à l'époque moderne, le refus de principe de la propriété incorporelle est un non-sens économique[20] ». Si certains biens incorporels, comme les œuvres de l'esprit, font l'objet de dispositions spécifiques quant à leur appropriation et leur jouissance, la règle,

14. *Le Robert*, V° « Numérique ».
15. E. Netter, A. Chaigneau, « Introduction », *in* E. Netter et A. Chaigneau (dir.), *Les biens numériques*, Ceprisca, coll. « colloques », 2015, p. 5, spéc. p. 8.
16. J. Carbonnier, *Droit civil. Les biens. Les obligations*, PUF, coll. « Quadrige », 2004, n° 707 : « l'immatériel qui a envahi le droit [...] ne nie pas la présence d'une réalité physique dans les biens de sa mouvance ».
17. P. de Oliveira, *Droit du logiciel. Genèse d'une théorie matérialiste*, thèse, FYP éditions, coll. « Juritic », 2012, n° 272. V. déjà, en ce sens, P. Gaudrat, « Forme numérique & propriété intellectuelle, 2e partie », *RTD com.* 2001. 96, spéc. 100 : « il paraît indubitable que le fichier revête une dimension mobilière corporelle ».
18. V. déjà, en ce sens, J. Huet, « De la "vente" de logiciel », in *Le droit privé à la fin du xxe siècle. Études offertes à P. Catala*, Litec, 2001, p. 799, n° 5; T. Guillebon, *Les monnaies virtuelles. Essai sur l'intégration d'une nouvelle classe d'actifs dans les concepts fondamentaux du droit privé*, thèse Bordeaux, 2022, n° 486.
19. V. F. Zenati, « L'immatériel et les choses », *APD*, t. 43, 1999, p. 79, spéc. p. 94.
20. F. Zenati et T. Revet, *Les biens*, 3e éd., PUF, coll. « Droit fondamental », 2008, n° 2.

conforme à la liberté de l'industrie, doit être celle de l'appropriabilité des choses incorporelles.

3. *Les difficultés relatives à la qualification des biens numériques.* – L'appropriabilité de principe des choses numériques n'épuise pas pour autant la question de leur rattachement au patrimoine des personnes. Eu égard à la vivacité de l'économie du numérique, le critère de la valeur pécuniaire ne posera guère de difficulté et permettra de relever une assez grande diversité d'actifs numériques dont la qualification de bien est aujourd'hui peu discutable. Cela dit, cette qualification, qui permet *a minima* d'établir un rapport de propriété entre une personne et une chose, ne confère pas, en toute hypothèse, l'ensemble des attributs des droits patrimoniaux, comme la saisissabilité, la commercialité mais aussi celui, très important en matière familiale, de la transmissibilité. Or il n'est pas certain que toutes les choses numériques puissent présenter ces caractères. Au contraire, l'émergence, en matière numérique, d'un modèle de l'accès[21] est de nature à concurrencer fortement celui de la propriété. C'est dire que l'appropriation du numérique, à certains égards éprouvée (I), est parfois mise à l'épreuve (II).

I. L'APPROPRIATION DU NUMÉRIQUE ÉPROUVÉE

4. *Le numérique, entre objet d'appropriation et titre d'appropriation.* – Sont ici présentés ce qu'il est possible d'appeler « actifs numériques » au sens de biens de nature numérique pouvant figurer dans le patrimoine et faire l'objet d'actes de disposition. Sans qu'elle en ait donné une définition générale, la loi appréhende de manière assez large cette catégorie, ainsi que l'illustre l'article L. 54-10-1° du Code monétaire et financier qui, pour l'application de règles relatives aux prestataires de services sur actifs numériques[22], dispose que « les actifs numériques comprennent » les « jetons » mais aussi « toute représentation numérique d'une valeur[23] », allant de la sorte au-delà de ce que l'on pourrait appeler l'actif numérique pur, représentatif d'une valeur par lui-même. Il ne s'agit là que d'une transposition dans le monde des biens numériques de cette technique de la représentation juridique des biens par

21. V. C. Castets-Renard, « Des biens aux services numériques. De l'ère de la propriété à l'âge de l'accès », in *Les biens numériques*, *op. cit.*, p. 203.

22. Cette catégorie de services a été créée par la loi « Pacte » du 22 mai 2019 pour encadrer les professionnels qui interviennent sur le marché secondaire des cryptoactifs (jetons émis en *blockchain* et cryptomonnaies). La liste des services sur actifs numériques se trouve à l'article L. 54-10-2 du Code monétaire et financier.

23. Pour être plus précis, l'expression utilisée est assez maladroite car elle vise les cryptomonnaies qui ne sont pas des titres représentatifs. En réalité, la scission traditionnelle entre les titres représentatifs de droits et les choses que reprend l'article L. 54-10-1 repose sur la distinction entre les jetons, qui sont des titres, et les cryptomonnaies, qui sont des biens.

des titres[24]. L'appropriation du numérique est donc admise tant pour les biens numériques « purs » (A) que pour les titres numériques (B).

A. LES BIENS NUMÉRIQUES « PURS »

5. *Les biens numériques non fongibles (contenus numériques).* – Il est possible de commencer la présentation des biens numériques « purs » par ceux qui sont sans doute apparus en premier, même s'ils étaient accompagnés de supports : les contenus numériques. De manière assez fuyante, l'article liminaire du Code de la consommation définit le contenu numérique comme « des données produites et fournies sous forme numérique », sachant que ces données sont, de manière certaine, regardées comme des biens puisque le Code de la consommation organise ce qu'il appelle le « contrat de fourniture de contenu numérique[25] » qui, dans les hypothèses où la fourniture est définitive, est une vente[26]. Dans tous les cas, c'est un bien qu'il s'agit de mettre à disposition d'une personne, ou dont il s'agit de transférer la propriété. Pour préciser la nature de ce bien, le contenu numérique peut être défini comme un fichier comportant des données qui, faute de matérialité, constituent des œuvres de l'esprit. Il en va ainsi d'un fichier donnant accès à une œuvre d'art numérique (photographie sous format numérique, peinture sous format numérique, musique sous format numérique) ou à une œuvre littéraire comme un e-book. Il en va de même d'un fichier donnant accès à un logiciel (outil de traitement de texte, tableur...), rattaché par le Code de la propriété intellectuelle aux œuvres de l'esprit[27], voire à une œuvre multimédia (encyclopédie interactive, jeu vidéo...), laquelle est constitutive d'une œuvre complexe[28]. Il faut cependant s'entendre sur le bien objet du contrat de fourniture numérique : ce n'est pas l'œuvre, propriété de l'auteur, qui est transmise, mais une copie de cette œuvre, dont la particularité est d'être réalisée sous format numérique[29]. Ainsi, par exemple, l'acquisition d'un livre numérique n'emporte pas cession des droits d'exploitation de l'œuvre littéraire reproduite sur support numérique. Il ne faut pas non plus se tromper au sujet du support : ce qu'achète avant tout l'utilisateur d'un logiciel de traitement de texte, d'un jeu vidéo, le lecteur de livre numérique, ce n'est pas l'éventuel CD-Rom, clé USB qui le contient, mais la copie immatérielle de

24. À ce sujet, v. J. Larguier, *La notion de titre en droit privé*, Dalloz, 1951 ; V. Malassigné, *Les titres représentatifs. Essai sur la représentation juridique des biens par des titres en droit privé*, préf. A. Ghozi, thèse, Dalloz, coll. « Nouv. Bibl. de Thèses », t. 158, 2016.
25. C. consom., art. L. 224-25-1 à L. 224-25-32.
26. V. T. Guillebon, *Les monnaies virtuelles*, thèse préc., n°s 239 s.
27. CPI, art. L. 112-2, 13°.
28. Civ. 1re, 25 juin 2009, n° 07-20.387, *CCE* 2009, comm. 76, note C. Caron, *RTD com.* 2009. 710, obs. F. Pollaud-Dulian.
29. V., à ce sujet, P. Gaudrat, « Forme numérique & propriété intellectuelle », *RTD com.* 2000. 910 (1re partie) et *RTD com.* 2001. 96 (2nde partie).

l'œuvre à laquelle le support donne accès. Et l'immatérialité est aujourd'hui encore plus prononcée dès lors que ces copies d'œuvres numériques peuvent être acquises par téléchargement.

Toujours au sujet de ces contenus numériques, un phénomène plus récent est celui de l'acquisition d'objets virtuels sur des univers numériques virtuels, notamment les « métavers » : vêtements d'avatars, maisons virtuelles, meubles virtuels, pourquoi pas même un fonds de commerce virtuel[30], etc. Certes, il n'y a pas, en soi, d'obstacle à reconnaître la qualité de bien d'un objet virtuel que créerait le concepteur du monde virtuel, quand bien même d'ailleurs il n'y aurait pas derrière, faute d'originalité, d'œuvre de l'esprit. Encore faut-il cependant que cette copie immatérielle d'une forme non protégée par un droit d'auteur ait une valeur, ce qui est plus difficile en présence d'une multitude de métavers concurrents. Les faits démontrent pourtant que certaines en ont, puisqu'elles trouvent leur public[31]. Des titres, nommés « NFT », ont même été mis en place pour assurer l'authenticité et la circulation de ces objets virtuels, comme il sera expliqué plus loin[32]. Autre facteur de complexité, ces objets sont parfois achetés avec des monnaies virtuelles.

6. *Les biens numériques fongibles (cryptomonnaies et monnaies de jeux).* – Les monnaies sont, dans une vision classique, regardées comme des unités de valeur et de paiement qui bénéficient d'un cours légal et d'une garantie légale. Cela n'interdit pas de qualifier de monnaies d'autres unités issues d'initiative privées, comme les monnaies de systèmes d'échanges locaux[33] ou les monnaies virtuelles. Au sujet de ces dernières, une thèse récente a permis de démontrer qu'il existait, derrière les monnaies virtuelles, deux types d'actifs numériques différents[34]. Il faut mentionner, d'une part, les monnaies représentatives qui ne constituent pas un bien numérique pur mais un titre en ce qu'elles ont vocation à donner droit à une prestation d'une personne particulière, comme les soldes prépayés, les points de fidélité ou encore les monnaies électroniques représentatives d'une somme d'argent affectée en compte ou de métaux précieux stockés en coffre-fort. Elles ne tirent donc pas leur valeur d'elles-mêmes mais de la prestation particulière à laquelle elles donnent droit[35]. Au contraire, les monnaies virtuelles dites marchandises ont une valeur qui « prend racine dans les propriétés intrinsèques et

30. À ne pas confondre avec le fonds de commerce dit électronique qui n'est pas à proprement parler un bien numérique. Certes, ce fonds est « logé » sur la toile, fonctionne avec des instruments numériques, mais il reste un bien incorporel dont l'élément essentiel est la clientèle qui n'est pas à proprement parler de nature numérique.

31. On est allé loin dans la vente de ces objets virtuels : le premier « tweet » du fondateur de Twitter a ainsi été mis en vente et a trouvé un acquéreur pour 2,5 millions de dollars.

32. V. *infra*, n° 9.

33. S. Bradburn, *Les systèmes d'échanges locaux. Contribution à l'étude juridique de l'économie collaborative*, préf. F. Deboissy, thèse, Dalloz, coll. « Nouv. Bibl. de Thèses », t. 161, 2017.

34. T. Guillebon, *Les monnaies virtuelles*, thèse préc., n°s 62 s.

35. *Ibid.*, n°s 557 s.

les utilités dont sont dépositaires ces objets numériques, ce qui les rapproche incontestablement des métaux précieux[36] ». Parce que l'accès à la qualité de monnaie de ces monnaies privées suppose qu'elles inspirent la confiance et soient sécurisées, certains de ces actifs sont émis, inscrits et transférés au moyen d'un protocole à *blockchain*, qui désigne un système pair-à-pair constitué d'une base de données dont la structure se présente sous la forme d'une chaîne chronologique de blocs de transactions, publique et sécurisée par des algorithmes cryptographiques, sans intervention d'une autorité centrale. D'où le nom de cryptomonnaie, dont la plus connue est le Bitcoin, monnaie qui n'est appariée avec aucune autre devise et qui est utilisée comme de l'argent liquide sur l'Internet. Il existe d'autres cryptomonnaies, dites alternatives, comme Monero, qui assure l'anonymat de ses utilisateurs[37]. Leur maîtrise s'exerce au moyen d'une clé privée, dont on mesure l'importance et les difficultés posées dans un contexte de divorce ou de succession. Toutes ces monnaies sont aujourd'hui reconnues comme des actifs numériques par l'article L. 54-10-1, 2° du Code monétaire et financier, qui vise « Toute représentation numérique d'une valeur qui n'est pas émise ou garantie par une banque centrale ou par une autorité publique, qui n'est pas nécessairement attachée à une monnaie ayant cours légal et qui ne possède pas le statut juridique d'une monnaie, mais qui est acceptée par des personnes physiques ou morales comme un moyen d'échange et qui peut être transférée, stockée ou échangée électroniquement ». En revanche, il faut garder à l'esprit que ces monnaies virtuelles ne reçoivent pas la qualification de monnaie légale[38] et accèderont donc difficilement à la qualification civile de sommes d'argent, ce qui en droit patrimonial de la famille est riche de conséquence, notamment au sujet de la subrogation réelle.

De manière plus anecdotique, ont également cette nature de monnaie-marchandise certaines monnaies de jeux comme les pièces d'or du jeu en ligne *World of Warcraft* ou encore le Linden dollar du monde virtuel *Second Life*. Dans ces mondes virtuels existent des systèmes de transactions entre joueurs portant sur des monnaies et d'autres actifs de jeux (armes, vêtements, maisons...). Comment ces actifs virtuels peuvent-ils accéder à la qualité d'actifs réels? À partir du moment où les utilisateurs et l'éditeur commercialisent ces monnaies et actifs de jeux contre monnaie légale, puisqu'ils deviennent ainsi des marchandises, valeurs pécuniaires de l'économie réelle[39]. Il peut y avoir, là aussi, des richesses insoupçonnées qu'il pourrait être regrettable – ou profitable – d'oublier au moment d'une liquidation.

Les biens numériques « purs » peuvent être détenus par l'intermédiaire de titres numériques, qui permettent d'appréhender une plus grande diversité de biens.

---

36. *Ibid.*, n° 441.
37. V. not. D. Legeais, *Blockchain et actifs numériques*, 2e éd., LexisNexis, coll. « Actualité », 2021, n° 223.
38. C. mon. fin., art. L. 111-1.
39. T. Guillebon, *Les monnaies virtuelles*, thèse préc., nos 600 s.

B. LES TITRES NUMÉRIQUES

7. *Sens de la* « tokenisation » *des biens.* – Comme les personnes, les biens peuvent faire l'objet d'une représentation juridique, consistant à « assurer l'appréhension des biens représentés au moyen d'un titre sans que celui-ci ne porte atteinte à l'existence des biens représentés, titre et bien représenté demeurant indépendants l'un de l'autre, tant d'un point de vue matériel que juridique[40] ». L'intérêt, notamment constaté avec les effets de commerce, est d'attacher à la détention du titre des conséquences quant à la possession du bien qu'il représente[41]. Cette représentation des biens par des titres trouve aujourd'hui une manifestation particulièrement marquée dans le monde numérique, à travers ce qui est nommé la *« tokenisation »*. Il ne faut cependant pas résumer la représentation numérique des biens aux *tokens* ou jetons car, bien avant la *blockchain*, les outils du numérique ont permis de représenter certaines valeurs afin d'en faciliter l'usage et la circulation.

8. *Les titres inscrits sur un porte-monnaie électronique.* – La représentation numérique des biens a d'abord consisté à octroyer, notamment dans le cadre d'achats en ligne sur des sites marchands, des titres représentant soit directement une somme d'argent, à travers un porte-monnaie électronique, soit indirectement, notamment à travers des points de fidélité. Or que représentent, d'un point de vue patrimonial, le portefeuille, par exemple détenu sur le site Paypal et les points accumulés sur le site Rakuten ? Il est difficile de les qualifier de biens, *per se*, faute pour eux d'être constitutifs d'une valeur et d'avoir une utilité particulière. Leur structure repose, plus fondamentalement, sur une inscription représentative d'un engagement contractuel de l'émetteur, inscription pouvant ainsi recevoir la qualification de titre. Ce titre, inscrit numériquement sur un compte, représente un bien, qui n'est pas en soi numérique puisqu'il s'agit d'une créance que détient l'utilisateur à l'égard de l'émetteur : le droit de créance d'une somme d'argent que détient l'utilisateur contre Paypal et qui lui permettra, dans la limite de la somme inscrite, d'obtenir le règlement d'une dette à l'égard d'un tiers, ou encore le droit de créance que détient l'utilisateur de la plateforme Rakuten, à l'égard de l'exploitant de la plateforme, s'engageant à lui faire bénéficier de réductions de prix, en cas de nouvel achat, ce qui a pu être qualifié de promesse de récompense[42]. La loi n'appréhende qu'imparfaitement ces titres, en qualifiant certains de monnaie électronique[43] alors même qu'ils présentent tous des potentialités patrimoniales non négligeables et qu'une recherche et une

40. V. Malassigné, *Les titres représentatifs. Essai sur la représentation juridique des biens par des titres en droit privé*, thèse préc., n° 626.
41. *Ibid.*, n° 644.
42. T. Guillebon, *Les monnaies virtuelles*, thèse préc., n°s 309 s.
43. C. mon. fin., art. L. 315-1.

identification rigoureuses de leur existence s'impose pour éviter de laisser les biens qu'ils représentent se perdre dans les limbes de l'internet au moment d'un décès ou d'une séparation.

9. *Les titres inscrits sur la* blockchain *: les jetons.* – Curieusement, la représentation des biens par des titres semble aujourd'hui assurée de manière plus uniforme et efficace lorsque l'inscription du bien est réalisée sur une *blockchain*, par ce qui est appelé la *tokenisation*. Par cette technique, un actif, corporel ou incorporel, est inscrit sur une *blockchain* qui permet donc de le représenter par un titre numérique et de le faire circuler, la possession de l'actif étant ainsi censée être attestée de manière sécurisée. La loi reconnait aujourd'hui ces titres qu'elle nomme « jetons » et les définit à l'article L. 552-2 du Code monétaire et financier comme « tout bien incorporel représentant, sous forme numérique, un ou plusieurs droits pouvant être émis, inscrits, conservés ou transférés au moyen d'un dispositif d'enregistrement électronique partagé permettant d'identifier, directement ou indirectement, le propriétaire dudit bien ». Ces jetons se rapprochent des cryptomonnaies puisqu'ils sont émis, inscrits sur une adresse de la *blockchain* dont le titulaire a le contrôle au moyen d'une clé privée, et sécurisés au moyen de la cryptographie. Cependant, les jetons ne sont pas des biens autonomes en ce qu'ils n'ont pour objet que de représenter, numériquement, un bien qui n'est pas, quant à lui, nécessairement numérique[44]. Souvent, ces jetons ou *tokens* sont dits fongibles, lorsque, comme pour les comptes précités, ils permettent à leurs titulaires d'accéder à un service proposé par l'émetteur et auquel tout utilisateur peut avoir accès[45]. Cela dit, semblent bénéficier d'une plus grande notoriété les fameux *NFT (non fongible tokens)* qui sont des jetons de nature non fongible. En effet, chaque *NFT* représente un actif unique, indivisible et identifiable, de sorte que deux *NFT*, même s'ils portent sur une même prestation, ne seront pas exactement identiques et interchangeables, chacun bénéficiant notamment d'un identifiant qui lui est propre. Ce titre permettra ainsi de certifier que son titulaire jouit de la propriété d'un bien numérique pur (item d'un jeu vidéo, objet virtuel ou espace d'un métavers[46], œuvre d'art numérique[47]), d'un titre social (notamment les titres émis à l'occasion d'une levée de fonds, appelée *Initial Coin Offering*) ou d'une créance (droit d'entrée pour un événement culturel ou sportif), voire même d'un bien

44. V. M. Julienne, « Premières vues sur les cryptoactifs », *in* L. Leveneur (dir.), *Les nouveaux biens. Quelles qualifications ou nouveaux régimes ?*, Dalloz, coll. « Thèmes & Commentaires », 2020, p. 109, n° 16.
45. H. de Vauplane, « Qu'est-ce qu'un token utilitaire ? », *RTDF* 2018, n° 1, chron. p. 66 s. ; « La qualification juridique de certains tokens en titres de créance », *RTDF* 2017, n° 4, doctr. p. 30 s.
46. V. V. Fauchoux, « Introduction à l'économie des metavers », *RLDI* avr. 2022, n° 191.
47. V. G. Goffaux Callebaut et F. Burneau, « La transmission des œuvres d'art numériques », *JCP* 2022. 1087.

corporel (œuvre d'art, bien immobilier[48]). Si l'utilité de ces *NFT* pour sécuriser l'identification du propriétaire d'un bien incorporel (objet virtuel, titre social ou créance) peut s'entendre, il est cependant plus difficile d'être convaincu de la meilleure liquidité qu'ils sont censés aussi offrir aux biens corporels comme les supports matériels d'œuvre d'art ou les biens immobiliers[49] : pour les meubles, c'est la possession qui constitue le meilleur titre et pour les immeubles, seul l'acte authentique, instrumenté par un notaire, permet d'inscrire au fichier immobilier la mutation et donner ainsi la plénitude à la propriété par son opposabilité[50]. Mais ce n'est pas le seul argument pour relativiser le rôle que sont en mesure de jouer les actifs numériques dans le patrimoine familial, tant il est possible de douter, dans de nombreuses hypothèses, de leur véritable appropriabilité.

II. L'APPROPRIATION DU NUMÉRIQUE À L'ÉPREUVE

10. *Une appropriation éphémère?* – Au sujet des transformations du patrimoine constatées au milieu du xxe siècle, Catala rappelait que « la patrimonialité postule [...] l'évaluation, mais, pour être totale, elle suppose aussi la cessibilité onéreuse et la transmissibilité à cause de mort[51] ». Or l'un des aspects de notre société de consommation, qu'il ne faut pas pour autant généraliser, réside dans une volonté plus importante de jouir d'un bien, d'un service, au détriment de celle d'amasser une richesse transmissible. L'économie du numérique l'illustre aujourd'hui de manière éclatante : alors que le phénomène de location des meubles corporels reste, malgré une certaine progression, toujours marginal, la détention à titre précaire de contenus numériques devient presque le principe, ainsi qu'en témoigne le grand succès des plateformes d'accès, sans achat, de musiques, livres, logiciels et films. Mais au-delà de ce phénomène, certains actifs numériques, au regard de leurs caractéristiques intrinsèques ou de celles qu'ont voulu leur donner leurs concepteurs, peinent à accéder à la pleine patrimonialité. Il en va ainsi de ce qu'on peut appeler les droits subjectifs numériques extrapatrimoniaux (A), par nature rattachés à la personne, et des droits subjectifs numériques précaires (B), par nature ou conventionnellement impossibles à transmettre.

48. V. G. Loukili, « Le droit de l'immobilier à l'épreuve du métavers », *AJDI* 2022. 822.
49. V. M. Julienne, « Premières vues sur les cryptoactifs », art. préc., n° 17. C'est pour cette raison que la tokenisation est généralement indirecte en ce sens que l'actif est détenu par un fonds ou une société dont les parts ou actions seront représentées sous forme de jeton.
50. V. F. Danos, *Propriété, possession et opposabilité*, thèse, Economica, coll. « Recherches juridiques », 2007, n°s 177 s., spéc. n°s 209-212 et 341-347.
51. P. Catala, « La transformation du patrimoine dans le droit civil moderne », *RTD civ.* 1966. 185, n° 25.

A. LES DROITS SUBJECTIFS NUMÉRIQUES EXTRAPATRIMONIAUX

11. *Les données personnelles numériques.* – Les activités numériques ont fait émerger de nouvelles formes de droits subjectifs extrapatrimoniaux qui, en raison de leur caractère les éloignant de l'appropriabilité attendue pour figurer véritablement dans le patrimoine familial à partager ou transmettre, n'est pas sans incidence sur les opérations des règlements patrimoniaux. Il en va ainsi tout d'abord des données numériques. Le débat à leur sujet est bien connu, opposant les auteurs qualifiant ces données de véritables biens[52] et ceux qui préfèrent les rattacher à la catégorie des droits de la personnalité[53]. Il sera simplement remarqué ici que le fait que les données se soient invitées dans les conventions à titre onéreux, en tant que contrepartie à l'octroi de certains services, n'a rien de déterminant dans ce débat, dès lors qu'il est admis depuis de nombreuses années que les droits de la personnalité peuvent donner lieu à des conventions rémunérant l'usage par un tiers d'un élément de la personnalité d'une personne physique[54]. Surtout, la loi permet toujours au titulaire des données d'en conserver la maîtrise[55], parce que l'élément lui reste rattaché. Et ce rattachement à la personne plus qu'au patrimoine de la personne se mesure encore davantage lorsque la loi dispose que les droits relatifs aux données personnelles « s'éteignent au décès de la personne concernée[56] ». De la même manière qu'un héritier ne peut se plaindre de la relation de la vie privée de son auteur[57], sauf à éprouver un préjudice personnel[58], il ne devra pas être en mesure de s'opposer à l'usage de données qui concernent ce dernier. Cela dit, comme pour d'autres questions extrapatrimoniales[59] – droit moral de l'auteur, sort du corps –, des dernières volontés

52. V. not. M. Destreguil, « Plaidoyer en faveur d'une approche propriétariste des données personnelles », *RJPF* 2019, n° 3, p. 5; P. Bernt Hugentholtz, « Propriété des données », in *Penser le droit de la pensée. Mélanges en l'honneur de M. Vivant*, Dalloz, 2020, p. 205. – *Adde*, avec d'importantes nuances, R. Boffa, « La propriété des données personnelles », *in* V. Malabat (dir.), *La propriété du 21ᵉ siècle. Un modèle ancestral toujours adapté aux grands enjeux de notre environnement?*, Dalloz, coll. « Thèmes & Commentaires », 2021, p. 107.

53. V. not. J. Rochfeld, « Contre l'hypothèse de la qualification des données personnelles comme des biens », in *Les biens numériques*, *op. cit.*, p. 221 ; Y. Poullet, « La propriété des données. Balade aux "pays des merveilles" à l'heure du Big Data », in *Mél. Vivant*, *op. cit.*, p. 339.

54. V. G. Loiseau, *Le droit des personnes*, 2ᵉ éd., Ellipses, 2020, nᵒˢ 297 s.

55. Loi n° 78-17 du 6 janv. 1978 relative à l'informatique, aux fichiers et aux libertés, art. 48 s.

56. Loi n° 78-17 du 6 janv. 1978 relative à l'informatique, aux fichiers et aux libertés, art. 84, al. 2.

57. Civ. 1ʳᵉ, 14 déc. 1999, n° 97-15.756, *D.* 2000, note B. Beignier, *JCP* 2000. 10241, concl. C. Petit; Civ. 2ᵉ, 8 juill. 2004, n° 03-13.260, *RTD civ.* 2004. 714, obs. J. Hauser.

58. Civ. 1ʳᵉ, 1ᵉʳ juill. 2010, n° 09-15.479, *D.* 2010. 2044, note P.-J. Delage, *JCP* 2010. 942, note G. Loiseau.

59. V. not., à ce sujet, R. Nerson, *Les droits extrapatrimoniaux*, préf. P. Roubier, thèse, LGDJ, 1939, n° 204; P. Blondel, *La transmission à cause de mort des droits extrapatrimoniaux et*

pourront être exprimées et s'imposeront aux continuateurs du défunt[60] dont la personne juridique connaît une certaine survivance. Aussi, comme il a été annoncé cependant, ces données peuvent avoir une utilité dans le cadre du règlement d'une succession, notamment disposer des éléments nécessaires à l'accès à d'autres biens, par exemple la monnaie électronique déposée sur un compte Paypal. D'où l'intérêt d'avoir organisé, dans la loi, l'accès par les héritiers à ces données[61], qui permettent aussi d'accéder à d'autres éléments extrapatrimoniaux importants dans une succession, les souvenirs de famille.

12. *Les souvenirs de famille numériques.* – La liste des souvenirs de famille a longtemps paru assez immuable, se limitant aux portraits et photographies familiales, les armes d'honneur, décorations, diplômes et dons honorifiques reçus ainsi que les lettres et papiers intimes[62]. Sans doute est-il possible d'admettre que la révolution numérique a permis de faire naître de nouveaux souvenirs de famille immatériels. Il est facile de l'admettre pour ceux qui ne sont qu'une forme dématérialisée de souvenirs de famille déjà connus comme les photos ou les écrits et missives électroniques, quoique leur ubiquité en limite l'intérêt. Par ailleurs, il est possible de se demander si les comptes personnels, notamment de réseaux sociaux, mais aussi les blogs ne constituent pas de tels souvenirs auxquels pourraient avoir accès et conserver les héritiers. N'est-ce pas ce qui existe dans les faits avec le réseau Facebook qui, depuis 2015, permet à l'usager de paramétrer la mise en place d'une page commémorative et la désignation d'un légataire? Cette qualification devrait en tout cas avoir une incidence sur la transmission de ces biens, qui obéit à des règles propres, distinctes de celles rattachées au patrimoine successoral. Il en va tout autrement des droits subjectifs numériques précaires qui ont vocation à figurer dans le patrimoine mais voient leur transmission bien souvent compromise.

B. LES DROITS SUBJECTIFS NUMÉRIQUES PRÉCAIRES

13. *Les actifs numériques à l'épreuve de l'évanescence.* – La précarité de certains actifs numériques trouve deux manifestations. La première peut être qualifiée d'évanescence des droits subjectifs reconnus notamment sur les contenus numériques en raison, à la fois, du caractère difficilement définissable de la prérogative conférée à l'acquéreur du contenu numérique, mais aussi, fugitif. S'il n'est pas contestable que la prestation de service numérique n'a

des droits patrimoniaux à caractère personnel, préf. A. Ponsard, LGDJ, coll. « Bibl. dr. privé », t. 95, 1969, n°s 46 s. et spéc. 154 s.

60. Loi n° 78-17 du 6 janv. 1978 relative à l'informatique, aux fichiers et aux libertés, art. 85, I.

61. Loi n° 78-17 du 6 janv. 1978 relative à l'informatique, aux fichiers et aux libertés, art. 85, II.

62. V. C. Robine, *Les souvenirs de famille en droit français*, thèse Bordeaux, dir. M. Laborde-Lacoste, éd. Bière, 1944, n°s 32 s.

pas vocation à conférer un droit de propriété au bénéficiaire de ce service, les contrats qui font état d'une fourniture, d'une vente d'un contenu numérique[63] comme une copie d'un logiciel, d'une musique ou d'un livre devraient offrir à l'acquéreur tous les attributs de la propriété et lui permettre de céder ou transmettre à son tour le bien acquis. C'est ainsi qu'en dehors de la sphère purement numérique, l'acquéreur d'un CD de musique, d'un DVD d'un film ou encore d'une cartouche de jeu vidéo se voyait le droit de revendre, sans qu'il soit porté atteinte au droit de l'auteur, propriétaire du monopole d'exploitation, son support et de le transmettre à ses héritiers. Qu'en est-il aujourd'hui avec les supports immatériels? Les supports numériques achetés et téléchargés peuvent-ils être vendus ou transmis aux héritiers? En soi, dès lors que le droit d'auteur est respecté, la transmission de ce support immatériel qui a été qualifié de bien numérique pur devrait être admise. Les contrats de fourniture de contenus numériques y font pourtant obstacle dans l'écrasante majorité des cas, de deux manières : en prévoyant contractuellement et donc juridiquement un usage personnel et l'intransmissibilité du contenu, ou en prévoyant matériellement des mesures dites techniques de protection[64] qui empêchent le propriétaire d'un contenu numérique de le transmettre, notamment à cause d'un rattachement de l'usage du contenu à un compte numérique personnel sur l'internet[65]. À ces restrictions des prérogatives du propriétaire de la copie immatérielle, la Cour de justice de l'Union européenne a porté un coup d'arrêt, mais uniquement en matière de logiciels. Appliquant la directive du 14 mai 1991 concernant la protection juridique des programmes d'ordinateur, selon laquelle la première vente d'une copie d'un programme d'ordinateur par le titulaire du droit épuise le droit de distribution de cette copie dans la Communauté[66], la Cour a considéré, dans un fameux arrêt *UsedSoft* de 2012, que la licence d'utilisation illimitée à titre onéreux suivie du téléchargement d'une copie immatérielle était une vente de cette copie, celle-ci bénéficiant ainsi de l'épuisement, de sorte que l'acquéreur de cette copie était en droit de la revendre[67]. Quatre ans plus tard, la Cour de justice a confirmé cette jurisprudence en affirmant que la directive ne pose « aucune distinction en fonction de la forme matérielle ou immatérielle de la copie en cause[68] », dès lors cependant qu'est respecté le droit de reproduction

63. Sur l'usage de ce vocabulaire dans les contrats de fourniture de contenus numériques, v. E. Netter, « Le logiciel dématérialisé », in *Les biens numériques*, *op. cit.*, p. 149, spéc. p. 160-161.
64. V., à ce sujet, E. Netter, « Le logiciel dématérialisé », art. préc., p. 171 s.
65. V. Association Congrès des notaires de France, *Le numérique, l'homme et le droit. Accompagner et sécuriser la révolution digitale*, rapport du 117ᵉ congrès, 2021, nº 2-854.
66. Cons. UE, Dir. nº 91/250/CEE, 14 mai 1991 concernant la protection juridique des programmes d'ordinateur : *JOCE* nº L 122, 17 mai 1991, p. 42, art. 4, c.
67. CJUE 3 juill. 2012, aff. C-128/11, *UsedSoft GmbH c/ Oracle International Corp.*, *CCE* 2012, comm. 106, C. Caron, *D.* 2012. 2101, note J. Huet, *RTD com.* 2012. 542, obs. F. Pollaud-Dulian.
68. CJUE, 3ᵉ ch., 12 oct. 2016, *Ranks et al. c/ Microsoft Corp. et al.*, aff. C-166/15, *CCE* 2016, comm. 99, note C. Caron, *JCP E* 2017. 1189, note T. Guillebon, *RTD com.* 2016. 741,

de l'œuvre logicielle ce qui, en pratique, n'est pas évident puisqu'il faut mettre en œuvre une technique qui assure le dessaisissement absolu du vendeur[69]. Le problème est que la jurisprudence a limité cet épuisement du droit de distribution, et donc cette libre disponibilité de la copie par l'acquéreur aux seuls œuvres logicielles, puisque la directive précitée ne concerne que celles-ci. Il en a été décidé ainsi dans un arrêt *Tom Kabinet* de 2019, au sujet des livres numériques[70], ainsi que dans un arrêt de la cour d'appel de Paris du 21 octobre 2022, au sujet des jeux vidéo[71]. Cette restriction de la disponibilité des contenus numériques par l'effet de clauses contractuelles est pourtant discutable et pourrait, comme cela a été démontré au sujet des monnaies et actifs de jeux, être regardée comme une atteinte au droit fondamental de propriété[72]. Si l'article L. 122-6-1, I, alinéa 2 du Code de la propriété intellectuelle dispose que « l'auteur est habilité à se réserver par contrat le droit de [...] déterminer les modalités particulières auxquelles seront soumis les actes [...] nécessaires pour permettre l'utilisation du logiciel, conformément à sa destination, par la personne ayant le droit de l'utiliser », il reste possible de douter que la convention, qui admet un transfert de propriété de la copie de l'œuvre, réduise le droit de disposer de l'acquéreur, au point de faire perdre de sa substance au droit de propriété, sans que cela soit justifié par le droit intellectuel de l'auteur.

14. *Les actifs numériques à l'épreuve de l'obsolescence.* – Le second facteur de précarité de l'appropriation réside dans la propension qu'ont ces biens à être frappés par l'obsolescence. L'argument pourrait surprendre dès lors que c'est tout l'opposé que défendent notamment les éditeurs de contenus numériques, soutenant que contrairement aux livres ou CD qui, à force de circuler de main en main, finissent par s'user et doivent être rachetés[73], les copies immatérielles, elles, peuvent être utilisées à l'infini. Il est vrai, de ce point de vue, que le contenu numérique est par lui-même inusable. Cependant, il peut très rapidement être inutilisable lorsqu'il est dépendant d'un

---

obs. F. Pollaud-Dulian. Pour une application récente, en droit français, v. Com. 6 mars 2024, n° 22-18.818 : « l'article L. 122-6, 3°, du code de la propriété intellectuelle doit être interprété en ce sens que la mise à disposition d'une copie d'un logiciel par téléchargement et la conclusion d'un contrat de licence d'utilisation y afférente visant à rendre ladite copie utilisable par le client de manière permanente moyennant le paiement d'un prix implique le transfert du droit de propriété de cette copie ».

69. V. à ce sujet, E. Netter, « Le logiciel dématérialisé », art. préc., p. 165.

70. CJUE, gr. ch., 19 déc. 2019, *Nederlands Uitgeversverbond et a. c/ Tom Kabinet Internet BV et a.*, aff. C-263/18, *CCE* 2020, comm. 31, note C. Caron.

71. Paris, pôle 5, ch. 2, 21 oct. 2022, *Sté Valve c/ UFC*, n° 20/15768, *CCE* 2022, comm. 80, note P. Kamina, *JCP E* 2023. 1045, n° 5, obs. T. Petelin, *Propr. ind.* 2022, comm. 67, note N. Bouche.

72. Pour une telle démonstration, v. T. Guillebon, *Les monnaies virtuelles*, thèse préc., n°s 1148 s.

73. V. E. Netter et A. Chaigneau, « Introduction », in *Les biens numériques*, *op. cit.*, p. 10.

système d'exploitation[74], soit proposé par son éditeur, soit exploité par un tiers. Que devient le livre numérique uniquement compatible avec *Amazon Kindle* si ce système disparaît? *Idem* avec les images achetées pour faire office de fond d'écran sur les téléviseurs *Samsung The Frame*? De même, l'immeuble virtuel acheté sur un métavers n'a plus d'utilité si l'exploitant de ce monde virtuel cesse son activité. Certes, parce que l'utilisateur de l'actif et l'exploitant sont liés par un contrat de licence, une action en responsabilité contractuelle est envisageable[75], mais c'est dire là encore qu'il est difficile de compter avec certitude sur une propriété pérenne. C'est encore plus compliqué lorsque le bien numérique acheté devient inutilisable non pas du fait du vendeur, lui-même chargé du système d'exploitation, mais d'un tiers. Tel est le cas, assez fréquent, des logiciels qui, à la suite de mises à jour du système d'exploitation Microsoft ou MacOS, ne sont plus utilisables car devenus incompatibles. Le bien numérique est donc obsolète, et ne vaut plus rien. Est-ce possible de le reprocher au tiers? Difficilement, en l'absence d'une faute de sa part. Le vendeur du contenu numérique ne semble pas davantage répondre de cela, puisqu'il n'est tenu, à l'égard de l'acquéreur, que d'une garantie contre les troubles de droit[76]. Pour éviter cette situation, il faut obtenir une mise à jour du logiciel par son concepteur, ce qui implique un nouvel achat, ou alors basculer vers l'autre système, celui de la location, finalement plus adapté, sans doute, dans ce domaine complexe, dans lequel le modèle classique de la propriété où l'exclusivité et l'autonomie sont censées régner, a du mal à trouver sa place, puisque le maître, c'est le réseau, qui vit de l'interdépendance...

---

74. Sur le problème de l'obsolescence des systèmes d'exploitation, v. E. Netter, *Numérique et grandes notions du droit privé*, mémoire HDR, Ceprisca, coll. « Essais », n° 256.

75. T. Guillebon, thèse préc., n°s 1488 s.

76. V. Civ. 1re, 28 oct. 2015, n° 14-15.114, *AJDI* 2016. 526, obs. A. Delmotte; Civ. 3e, 11 mai 2011, n° 10-13.679, *JCP N* 2011. Actu. 485.

Comment le numérique reconvoque la notion de patrimoine ?

Regards du gestionnaire

FRANÇOIS ACQUATELLA
Maître de conférences en sciences de gestion à l'Université Paris Dauphine, membre du Dauphine recherches en management, UMR CNRS 7088

INTRODUCTION

La littérature consacrée au concept d'actifs du numérique souffre d'un manque de regards croisés tout particulièrement entre deux disciplines des sciences humaines et sociales : celui des sciences de gestion ainsi que des sciences juridiques (droit). D'une manière générale, les travaux de recherche sur le patrimoine numérique en sciences de gestion (SG) sont en grande partie consacrés à décrypter les nouveaux mécanismes de marché impulsés par les entreprises du numérique, notamment les mécanismes de valorisation des actifs telles que par exemple, les données, l'audience, les usages numériques, etc. (Acs *et al.*, 2020 ; Elia *et al.*, 2020). Toutefois ces travaux n'analysent que de manière périphérique le rôle, la portée et les conséquences juridiques qui y sont corrélées.

Les travaux de recherche en droit présentent des analyses juridiques en termes de valeur patrimoniale, de droit de propriété intellectuel et de confidentialité des données ; mais, malgré leur poids dans la compréhension par exemple de l'intérêt de réglementer les échanges de données (Tiwana, 2014 ; Parker *et al.*, 2016), peu de travaux prolongent la réflexion sur la portée techno-structurante de ces nouveaux actifs sur les nouvelles règlementations et régulations.

Si le manque de dialogue entre ces deux domaines de recherche a été pointé, les apports réciproques restent marginaux. Si, plus récemment, la littérature en SG a analysé les mécanismes de construction des actifs du numérique et de leur valorisation, pour autant analyser un patrimoine numérique nécessite également de se focaliser sur le renouvellement juridique que poussent les entreprises du numérique à travers de nouvelles formes de services sur le web et des principes qui fondent ces régulations. Ce point est conjointement souligné dans certains travaux récents en droit et en SG. Les auteurs en droit envisagent les technologies émergentes (notamment les algorithmes) comme levier central des dynamiques visant à impulser des réglementations pour protéger les consommateurs. La technologie semble devenir dès lors une variable clef de la formulation et de l'orientation des choix de développement de politiques publiques, dans une économie ou le consommateur lui-même (par ses usages et les données qu'il produit) est un actif des entreprises mondiales telles que les GAFAM.

On note une forme de prolongement d'une grille de lecture désormais consensuelle quant à la nécessité de développer un cadre de recherche s'appuyant sur ces deux littératures pour participer à la compréhension de la notion patrimoniale que recouvrent les actifs immatériels.

Dans cette perspective, notre démarche de recherche est portée par des questionnements peu adressés du fait qu'ils se dégagent d'un croisement entre ces deux champs de recherche : Pourquoi le numérique reconvoque-t-il la notion même de patrimoine? Qu'est-ce que le patrimoine numérique? Comment se crée-t-il? Comment, dans un monde numérique, il est courant de travailler et de faire fructifier le patrimoine d'acteurs tiers.

Comment ce patrimoine est exploité pour innover, générer des profits, créer de la valeur dans un monde ou l'immatériel a tendance à supplanter le matériel en ce que, désormais, l'actif prioritaire est l'information (donnée) dans une économie du big data.

Nous nous inscrivons en cela dans une perspective réflexive qui prend appui sur ces principaux concepts relatifs aux actifs du numérique. Nous pointons la place des nouvelles formes de correspondances entre des entreprises comme élément fondamental d'une pluralité de dynamiques de développements patrimoniaux. L'article porte ainsi une série d'analyses dont pourraient se saisir les gestionnaires et les juristes dans le domaine du numérique pour appréhender et interroger les mécanismes à l'aune de la construction d'actifs patrimoniaux.

Nous proposons, dans une première partie de cet article, une revue narrative (synthétique) de la littérature à différentes étapes du processus de réflexion des communautés de chercheurs (en SG et en droit) sur le sujet.

Une deuxième partie s'appuie sur les interdépendances identifiées entre ces travaux.

I. LES ACTIFS DU NUMÉRIQUE : ATTRIBUTS DISTINCTIFS

Tous les travaux de recherche évoqués participent d'un travail de décortication d'un même objet : le patrimoine numérique, nécessaire à la compréhension de ses attributs distinctifs. Malgré l'absence d'une description consensuelle, une appréhension générique des actifs numériques de la dynamique de développement qui y est associée, un consensus se dégage des travaux de recherche concernés.

A. ATTRIBUTS DISTINCTIFS DES ACTIFS DU NUMÉRIQUE

L'ensemble des entreprises qui développent une économie fondée sur l'exploitation d'actifs numériques cherchent à mettre en œuvre des effets de réseau (Hagiu et Wright, 2015). La valeur de l'entreprise croît dès qu'elle génère et développe une concentration temporelle de l'attention d'une pluralité de parties prenantes (partenaires, contributeurs et utilisateurs) (Evans, 2003; Parker *et al.*, 2005). Ces entreprises sont ainsi des modèles d'organisation qui mettent en relation différents agents économiques (utilisateurs, entreprises) qui n'interagissaient pas ou peu au préalable (Boudreau et Hagiu, 2009). Elles présentent à ce titre un intérêt d'usage pour deux (ou plusieurs) catégories d'agents, constituant autant de versants d'un marché adressé, et qui sont agrégés dans un écosystème (Hagiu et Wright, 2015; Evans et Schmalensee, 2016; Bresciani *et al.*, 2020). La valeur de l'entreprise est proportionnelle au nombre d'acteurs présents sur chaque marché visé (Weyl, 2010; Barykin *et al.*, 2020).

Dans cette architecture de valeur, les utilisateurs deviennent donc un actif de l'entreprise, voire l'actif principal de l'entreprise, dans la mesure où ils participent de la valorisation de l'entreprise auprès d'investisseurs ou sur les marchés boursiers.

La construction d'un écosystème est ainsi corrélée aux développements d'interrelations entre différents acteurs (Cao et Shi, 2020; Burkhardt, 2020) qui portent la valeur de l'entreprise sur les marchés. Dès lors les actifs (et donc le patrimoine de l'entreprise) se définissent, à ce titre, comme un système auto-organisé, évolutif et immatériel et composé d'acteurs hétérogènes en interrelation qui partagent des informations (dont au premier rang des données) pour développer des services innovants (Gawer et Cusumano, 2014; Bazenet et Houy, 2019).

B. LE PATRIMOINE NUMÉRIQUE JURIDIQUE

Il faut dans un premier temps distinguer le patrimoine numérique, des droits patrimoniaux qui sont inclus dans le patrimoine d'un individu ou d'une entreprise. En d'autres termes, lorsque l'on pointe une finalité économique d'un droit patrimonial subjectif, il faut analyser s'il se rattache à des actifs numériques immatériels. La principale caractéristique des actifs patrimoniaux est qu'ils sont matériels : il s'agit donc d'un droit que possède une entreprise et qui lui confère un pouvoir direct et immédiat sur l'actif (généralement un bien matériel). Aussi, régis par le droit des biens, le droit réel est absolu. Il peut donc être invoqué devant toute personne et être opposable *erga omnes* à tous. Sans rentrer dans une taxonomie de l'ensemble des droits associés à une pluralité d'actifs patrimoniaux, le patrimoine numérique est constitué de matériaux fondés sur l'informatique, d'une valeur durable, qu'il est nécessaire de conserver pour les générations futures. Il émane de communautés, de régions, d'industries et de secteurs différents. Tous les matériaux numériques ne sont pas de valeur durable, mais ceux qui le sont exigent des méthodes actives de préservation si l'on veut que la continuité du patrimoine numérique soit assurée. Les textes, des bases de données, des images fixes et animées, du son, des graphiques, des logiciels et des pages web ont une valeur et constituent donc un patrimoine à protéger et à préserver dans le cadre de la pérennisation des activités de l'entreprise. Ce patrimoine, au premier rang duquel se trouve désormais la donnée, est bien souvent immatériel, à l'intersection de plusieurs technologies qui permettent de traduire ces actifs en patrimoine, c'est notamment le cas des algorithmes.

C. GRILLE DE LECTURE EN MIROIR

L'entreprise du numérique devient donc le substrat technique qui porte une nouvelle définition d'actifs patrimoniaux du numérique. Certains mécanismes d'intégration d'actifs, portés essentiellement par les partenaires de l'entreprise, portent intrinsèquement un enjeu de gouvernance et de développement de l'écosystème par la maîtrise d'actifs immatériels que l'entreprise ne possède pas. Très concrètement l'entreprise Uber exploite une flotte de véhicules qu'elle ne possède pas et ce à travers une série d'algorithmes propriétaires qui permettent de mobiliser ces actifs pour construire un marché. La nouveauté vient du fait que la flotte de véhicule caractérise la valeur de l'entreprise.

Les actifs patrimoniaux sont donc des systèmes complexes dont le fonctionnement et l'évolution dans le temps se font au moyen d'ajouts de partenaires et utilisateurs qui reposent sur la capacité de l'entreprise à en orchestrer l'évolutivité ainsi qu'une croissance rapide en termes de valeur collective par l'analyse des données issues des interactions entre les parties prenantes de l'entreprise (dans le cas Uber les chauffeurs et clients). Ces actifs sont souvent appréhendés sur les marchés comme un élément clef, caractérisant la valeur économique de l'entreprise. Les actifs immatériels tels que les données créent des interactions qui sont collectées et analysées et qui représentent le substrat de la valeur de l'entreprise dans une économie de la donnée.

Une grille de lecture en miroir met en évidence la difficulté d'appréhender ces nouvelles formes de patrimoine du numérique.

Les actifs du numérique participent à architecturer des écosystèmes complexes qui créent, développent et exploitent plusieurs actifs cités *supra*. La dynamique de ces écosystèmes repose sur leur capacité à produire et à renouveler des actifs patrimoniaux qui supportent dans bien des cas des connexions de différents acteurs qui les portent.

Les logiques de création de valeur dans le numérique soulèvent des questions de fond sur la nature, la forme et la volatilité des actifs qui constituent le patrimoine de l'entreprise.

Ainsi, les entreprises du numérique permettent le développement de propositions de valeur disruptives par la mobilisation et la construction d'actifs qu'elles ne possèdent pas. C'est le cas par exemple d'Airbnb qui propose des logements sur son site en fondant sa valorisation sur une dynamique d'agrégation d'acteurs (loueurs de logements) qui sont les propriétaires de ces actifs patrimoniaux.

II. FRUCTIFIER LE PATRIMOINE D'ACTEURS TIERS ET CONSTRUIRE UNE VALEUR PARTAGÉE

Les deux domaines de littérature mobilisés discriminent les actifs patrimoniaux selon différents angles d'analyse : dans une logique de secteurs d'activité, c'est-à-dire des marchés sur lesquels elles se portent (Barykin *et al.*, 2020; Evans et Gawer, 2016); dans une logique de droit de monopole d'exploitation. Une grille de lecture unifiée nous permet d'en identifier les principales dynamiques d'intégration d'actifs des entreprises du numérique. Nous les présentons ici en les instanciant par des exemples emblématiques d'entreprises et accordons à chacune une attention particulièrement aux enjeux qu'ils soulèvent.

A. DYNAMIQUE AGRÉGATIVE D'ACTIFS

Cette dynamique se caractérise par une forme de réintermédiation du marché (Bailey et Bakos, 1997) par la désintermédiation d'acteurs traditionnels installés sur un marché. Elle s'appuie sur l'accaparement d'une partie de la chaîne de valeur au détriment des intermédiaires traditionnels, et permet ainsi à l'entreprise de proposer de nouvelles modalités de distribution des produits ou services. Ce type de dynamique revalorise une offre de produits ou de services existants (des actifs clefs), en proposant une mise en perspective de leurs diverses caractéristiques et des alternatives en termes de choix, dans un design ergonomique qui supporte une grande fluidité des informations. La concentration des offres et la puissance des recommandations sur le site créent une modification massive des préférences de consommation des internautes. Les entreprises acquièrent ainsi un statut de prescripteur de consommation leur permettant de fidéliser les clients et d'acquérir une position concurrentielle avantageuse (voire dominante) sur le marché. Maintenir ce rôle d'intermédiaire de confiance pour le consommateur impose à l'entreprise pivot une maîtrise continue des flux de données générés par ses différents partenaires.

Ainsi, par exemple, l'infrastructure technique de Booking lui permet de maîtriser l'ensemble des informations inhérentes à ses hôtels partenaires (ex. : informations sur le nombre de chambres libres, le nombre de réservations en direct) et d'ajuster par des algorithmes, de choix et de prix, son offre d'hébergement en temps réel. À partir de l'analyse des traces d'usage des internautes sur le site, les algorithmes de recommandation incitent les utilisateurs à consommer le produit/service qu'ils sont susceptibles de désirer : ils optimisent ainsi le taux de rétention et consentement à payer.

B. DYNAMIQUE COORDINATRICE D'ACTIFS

Cette dynamique repose sur un appariement d'acteurs et d'actifs proposant une nouvelle forme d'intermédiation. Les entreprises telles que Uber, Coursera ou Airbnb mobilisent des actifs (voitures, maisons, etc.) sous exploités, qui, en étant valorisés d'une manière nouvelle, participent à créer et coordonner un nouveau marché. Ces écosystèmes de plateforme se sont développés par la mise en œuvre de nouveaux réseaux de valeur (Kim et Mauborgne, 2005), encourageant ainsi une évolution de la manière dont nous utilisons ces actifs, en d'autres termes en instaurant de nouveaux modes de consommation (par exemple, en développant les VTC). Le développement de ce type de dynamique réside dans leur capacité à créer de nouvelles formes de connexion entre différents agents économiques qui n'interagissaient pas au préalable, et ce dans une dynamique d'ouverture permanente à de nouveaux acteurs. À titre d'exemple, la plateforme Airbnb se tourne actuellement vers le transport touristique par le déploiement d'une nouvelle proposition de valeur centrée autour de « l'expérience voyage ». La plateforme coordonne plusieurs acteurs : tour-opérateur, guide touristique, transporteur et relais locaux dans le but d'offrir des aventures locales atypiques, par des visites guidées de zones dangereuses ou partiellement interdites. Cette proposition de valeur pourrait incarner un prochain standard du marché du voyage, impliquant une reconfiguration substantielle de l'activité de plusieurs professionnels du tourisme.

Créer et coordonner de nouvelles formes d'intermédiation au levier d'une coordination d'acteurs et d'actifs repose sur des itérations permanentes de ces plateformes avec le marché, pour tester continuellement différentes propositions de valeur dans une posture expérimentale. Dans cette perspective, les nouveaux partenariats opérés par l'entreprise sont utilisés comme source de nouvelles propositions de valeur à fort potentiel disruptif. Les données sourcent ici les expérimentations stratégiques de la plateforme pour proposer de nouvelles propositions de valeur. La collaboration entre le musée du Louvre et Airbnb s'inscrit dans cette dynamique stratégique en visant à proposer de nouvelles expériences émotionnelles uniques et insolites à fort potentiel disruptif.

Cette dynamique repose sur la variété des données générées par les différents acteurs partenaires. Puisque, désormais, le poids des algorithmes dans les analyses prédictives tend à automatiser la recherche de nouveaux actifs exploitables. Uber a utilisé ses algorithmes de *machine learning* pour développer un modèle d'affaires s'appuyant sur la mise en relation d'un déplacement urbain et d'une offre de livraison. À l'aide de sa technologie, cette plateforme a créé un modèle d'état de voyage permettant de segmenter chaque étape d'un voyage en temps réel avec la collecte des données de reconnaissance d'activité *(Activity-Recognition-Client)*. Ce modèle a été associé aux données historiques de restauration afin d'optimiser les délais de livraison entre les acteurs.

C. DYNAMIQUE D'INTÉGRATION D'ACTIFS TECHNOLOGIQUES

La dynamique d'intégration d'actifs technologique s'appuie sur des innovations technologiques développées en interne (innovations le plus souvent incrémentales) et qui permettent à l'entreprise de capter et verrouiller l'ensemble de son réseau de valeur en l'obligeant à s'y référer ; l'entreprise pivot ancre ainsi son positionnement de marché. Par exemple, Google Cloud Storage est une solution à laquelle on peut se connecter à partir de bibliothèques de stockage cloud qui fonctionnent avec des services tels que Amazon Simple Storage Service.

Plus fondamentalement, la dynamique de ces écosystèmes repose sur la pervasivité de leur technologie (Cabanes *et al.*, 2015). L'interopérabilité correspond là par exemple à la possibilité pour les entreprises clientes et ou partenaires, de synchroniser leurs systèmes techniques à celui de la plateforme pivot. Cette stratégie procure à cette dernière un avantage compétitif robuste qui repose sur la maîtrise de ces interdépendances technologiques. Par exemple, la plateforme Apple permet l'ouverture de sa messagerie « iMessages » aux utilisateurs du système d'exploitation mobile Android.

En agrégeant des applications autour d'une architecture technologique dont elle orchestre les interdépendances, la plateforme Google dispose d'un portefeuille d'offres et (d'actifs) complémentaires sur une pluralité de marchés ; corrélativement elle décuple la captation d'informations afférentes aux usages des utilisateurs sur plusieurs terminaux. Cette interopérabilité permet d'augmenter le volume des données collectées et accroitre par là même la puissance analytique des algorithmes qui traitent ces données. Aussi, par la maîtrise des données issues des applications satellites qu'elle fédère, Google peut affiner sa connaissance du comportement des utilisateurs, anticiper les désirs des internautes et prédire les futures tendances sur différents marchés.

La stratégie de Google consiste notamment à mettre sur le marché un ensemble de technologies qui permettent de subvertir les systèmes techniques des acteurs présents et notamment ceux des écosystèmes concurrents (ex. : Apple). Cette dynamique reposant sur une approche pervasiverepose sur la portée de ses innovations techniques pour renouveler ses actifs.

DISCUSSION

Au regard de la complexité de l'objet de recherche sur le patrimoine du numérique, la grille de lecture en miroir montre que plusieurs concepts fondamentaux peuvent se situer simultanément dans plusieurs champs de recherche et ne pas recouvrir les mêmes définitions. Le manque d'interrelation souligné entre les littératures en SG et en droit est très certainement dicté par des démonstrations volontairement circonscrites du fait du caractère exclusif des travaux dans le domaine. Mais également car ces concepts sont inégalement répartis suivant les revues de publication. Or, les grilles de lecture sélectionnées ne sont pas seulement croisées, elles sont surtout profondément interdépendantes.

Sur la question du recours à l'approche unifié SG-droit, elle permet certainement d'éviter les écueils afférents à la notion de patrimoine et d'actifs du numérique, dont le portage par la littérature en droit suscite des critiques des gestionnaires quant à l'analyse de la complexité de cadrer et proposer des définitions et règles actualisées.

La nature de ces entreprises fédérant de multiples acteurs, ressources et actifs (dont technologiques), permettant des interdépendances nombreuses, recouvrant une intensité d'externalités d'un point de vue économique et marchand et des valorisations qui y sont associées, pousse à une lecture des caractéristiques technologiques qui sous-tendent cette dynamique organisationnelle. Ainsi, l'entreprise du numérique en tant que forme organisationnelle évolutive, s'appuie sur des modes de fonctionnement et d'organisation spécifiques non dissociables des composants technologiques (les algorithmes) qui en composent l'écosystème.

Sur la question de la contingence de ces deux grilles de lecture, le patrimoine devient un réseau de processus d'exploitation et de production d'actifs qui régénèrent de façon continue les interactions des acteurs qui les ont produits. La dynamique de développement dans le numérique reconvoque les questions juridiques à l'aune d'une représentation des relations et des échanges entre différents types d'acteurs. Cela vient du fait que le patrimoine numérique qui supporte ces interactions est trop souvent considéré en droit comme propriétaire, très statique et non dynamique. Or il apparait que les différents réseaux de partenariats qui forment l'architecture de valeur dans le numérique poussent à une forme de « partage patrimonial ». Par exemple, les voitures Uber sont considérées comme un élément de valorisation de l'entreprise qui les exploite, ces mêmes voitures sont des éléments constitutifs du patrimoine des chauffeurs.

Considérer exclusivement le patrimoine numérique comme des matériaux fondés sur l'informatique comporte un biais méthodologique dans la mesure où cette approche échoue à rendre compte d'aspects essentiels de son fonctionnement.

Le risque est alors de mobiliser des représentations réductionnistes qui empêchent de rendre compte de la réalité effective des actifs dont la dynamique repose sur leur capacité d'exploiter de façon opportune des actifs créés par tout un écosystème d'interdépendances : les données.

Le patrimoine numérique est dynamique, en évolution et en recomposition permanente en ce que son fonctionnement et son évolution dans le temps se font au moyen du développement numérique et des possibilités algorithmiques qu'il offre. Dans cette perspective, c'est précisément la capacité du droit à prendre en compte cette évolutivité dans ses conceptions qui va permettre d'encadrer ces nouvelles activités.

En synthèse, l'approche proposée, en articulant en miroir des grilles de lecture appartenant à deux champs de la littérature distincte, propose une réflexion sur la notion de patrimoine numérique. Cette grille de lecture est une amorce de recherche permettant de mieux appréhender la façon dont le patrimoine se construit et est distribué à travers un écosystème d'acteurs, puisqu'elle permet d'analyser certaines dynamiques spécifiques d'échanges et d'interactions entre les acteurs qui la composent. En d'autres termes, elle met en exergue la manière dont le numérique rend possible l'innovation et le partage de la valeur au sein de l'écosystème. Toutefois, la piste de recherche reste à être étayée en ce que les interdépendances conceptuelles entre les travaux mobilisés sont à enrichir.

* *
*

De manière conclusive, nous avons croisé deux littératures consacrées à un même objet de recherche : le patrimoine numérique. L'enjeu était de jeter un pont analytique entre les grilles de lecture portées dans chaque domaine, à différentes étapes du processus de réflexion des communautés de chercheurs sur le sujet, de façon à identifier les éléments distinctifs recouvrant la notion d'actif numérique. Par-delà l'intérêt de la complétude d'analyse, nous avons pu mettre en avant les effets miroirs des grilles de lecture portées par chaque domaine de recherche. L'analyse des travaux de recherche les plus récents nous a permis de pointer le rôle et la place des travaux en SG comme base des dynamiques écosystémiques actuelles. Par exemple, les entreprises emblématiques du numérique telles que Apple, Uber ou Airbnb, etc., bâtissent des dynamiques écosystémiques fondées sur des interdépendances pour continuellement améliorer et expérimenter de nouveaux actifs.

RÉFÉRENCES

Acs, Z. J., Szerb, L., Song, A., et Lafuente, E. (2020). *The Digital Platform Economy Index.*

Barykin, S. Y., Kapustina, I. V., Kirillova, T. V., Yadykin, V. K., et Konnikov, Y. A. (2020). « Economics of digital ecosystems ». *Journal of Open Innovation: Technology, Market, and Complexity* 6(4), 124.

Bazenet, F., et Houy, T. (2019). « Le paradigme médiatique sur l'entrepreneuriat numérique ». *Entreprendre Innover* (1), 8-21.

Bresciani, S., Ferraris, A., Romano, M., et Santoro, G. (2021). « Digital Ecosystems ». *in Digital Transformation Management for Agile Organizations: A Compass to Sail the Digital World.* Emerald Publishing Limited.

Boudreau, K. J., et Hagiu, A. (2009). « Platform rules: Multi-sided platforms as regulators », *Platforms, markets and innovation*, Edward Elgar Publishing 1, 163-191.

Burkhardt, K. (2020). « Vers une gouvernance d'entreprise effectuale? ». *Revue de l'Entrepreneuriat* 19, 15-42.

Cao, Z., et Shi, X. (2020). « A systematic literature review of entrepreneurial ecosystems in advanced and emerging economies ». *Small Business Economics.*

Constantinides, P., Henfridsson, O., Parker, G.G., (2018), « Introduction-Platforms and Infrastructures in the Digital Age ». *Information Systems Research* 29(2):381-400.

Elia, G., Margherita, A., et Passiante, G. (2020). « Digital entrepreneurship ecosystem: How digital technologies and collective intelligence are reshaping the entrepreneurial process ». *Technological Forecasting and Social Change* 150, 119791.

Evans, D. S. (2003). « Some empirical aspects of multi-sided platform industries ». *Review of Network Economics* 2(3).

Evans, D. S., et Schmalensee, R. (2016). « Matchmakers: the new economics of multisided platforms », *Harvard Business Review Press.*

Evans, PC et Gawer, A. (2016). « The Rise of the Platform Enterprise: A Global Survey » [Report] *The Emerging Platform Economy Series No.* 1.

Gawer, A. (2011). « Platforms, Markets and Innovation », *Edward Elgar Publishing Ltd.*

Gawer, A. (2014). « Bridging Differing Perspectives on Technological Platforms: Toward an Integrative Framework », *Research Policy* 43(7):1239-1249.

Hagiu, A. and J. Wright (2011). « Multi-Sided Platforms », *Harvard Business School Working Paper* 12-024.

Henfridsson, O., and Bygstad, B. (2013). « The Generative Mechanisms of Digital Infrastructure Evolution », *MIS Quarterly* 37(3):907-931.

Huotari, K., et Hamari, J. (2012, October). « Defining gamification: a service marketing perspective ». *Proceeding of the 16th international academic MindTrek conference* (p. 17-22). ACM.

Isaac, H., (2020). « Stratégie et intelligence artificielle », n° 12, décembre 2020. « Intelligences artificielles et humaines, quelles interactions ? », *Revue enjeux numériques*.

Kim, W. C., et Mauborgne, R. (2005). « Blue ocean strategy: from theory to practice ». *California Management Review*, 47(3), 105-121.

Parker, G.G., Van Alstyne, M., Choudary, S. P., et Foster, J. (2016). *Platform Revolution: how Networked Markets are Transforming the Economy and how to Make them Work for You.* New York: WW Norton (p. 352).

Parker, G.G., Van Alstyne, M., et Jiang, X. (2017). « Platform Ecosystems: How Developers Invert the Firm ». *MIS Quarterly*, 41(1), 255-A4.

Parker, G.G., and Van Alstyne, M.W. (2005). « Two-Sided Network Effects: A Theory of Information Product Design ». *Management Science* 51(10):1494-1504.

Rai, A., Constantinides, P., et Sarker, S. (2019). « Next-Generation Digital Platforms: Toward Human-AI Hybrids », *MIS Quarterly*, 43(1), iii-ix.

Tiwana, A. (2014). *Platform Ecosystems, Aligning Architecture, Governance, and Strategy*. Morgan Kaufmann.

Tiwana, A. (2015). « Evolutionary Competition in Platform Ecosystems ». *Information Systems Research* 26, 266-281.

Weyl, E. G. (2010). « A price theory of multi-sided platforms ». *American Economic Review*, 100(4), 1642-1672.

Yoo, Y., Henfridsson, O., et Lyytinen, K. (2010). « Research commentary - the new organizing logic of digital innovation: An agenda for information systems research ». *Information Systems Research* 21(4), 724-735.

Yoo, Y. (2013). « The Table Have Turned: How Can the IS Field Contribute to the Technology and Innovation ». *Management Journal of the AIS* 14:227-236.

Zhu, K., Kraemer, K. L., Gurbaxani, V., et Xu, S. X. (2006). « Migration to open-standard interorganizational systems: network effects, switching costs, and path dependency ». *MIS Quarterly* 515-539.

L'hyperbole des cryptomonnaies ou la réfutation de la nature pseudo-monétaire des cryptoactifs

Regards de l'économiste

PIERRE-NICOLAS REHAULT
Maître de conférences en sciences économiques (section 05)
Laboratoire d'analyse et de prospective économiques (LAPE), Université de Limoges

« L'économiste est l'individu qui expose l'évidence
en des termes incompréhensibles. »
Alfred A. Knopf

I. INTRODUCTION

La dénomination *cryptomonnaie* relève, pour l'économiste, à la fois de l'hyperbole et de la polémique. Pour en convenir, il suffit de confronter, d'une part, la symbolique contenue dans la référence à la monnaie avec, d'autre part, la réalité factuelle des actifs considérés. La monnaie est de tout temps considérée comme une institution économique et sociale, dans le sens où elle permet la conduite de l'ensemble des échanges mais aussi de la grande majorité des interactions au sein de la société. Cette perception favorable découle de ses capacités intrinsèques à inspirer la confiance (la *fiducia* latine) et à remplir l'ensemble des fonctions nécessaires à la tenue d'une économie moderne, ce qui passe obligatoirement par la résolution des transactions. Ces dernières reposent sur le principe même de l'échange équivalent : elles ne peuvent être acceptées que si les agents jugent, subjectivement, qu'ils obtiennent une contrepartie dont la valeur est supérieure ou égale à ce à quoi ils doivent renoncer (bien, service, rémunération ou encore temps de travail), ce qui implique de pouvoir mesurer ladite valeur. La monnaie brise ainsi le troc, régit les différentes interactions entre les diverses natures d'agents existantes (ménages, entreprises, administrations publiques, etc.) et fluidifie l'ensemble des échanges en offrant un étalon communément accepté, compréhensible et liquide. Elle est instaurée, enfin, par un consensus produit par la loi, dans la lignée du *fait du Prince*, qui impose son cours légal. La monnaie est donc à la fois un pilier mais aussi un facilitateur essentiel des sociétés humaines.

Ainsi, l'hyperbole associée au néologisme *cryptomonnaie* est regrettable, car elle invite, inévitablement, à produire une définition selon le principe de l'analogie : nous serions donc face à une monnaie, *une représentation numérique de valeur monétaire émise à titre public ou privé, sécurisée par cryptographie et déployée à l'aide de la technologie des registres distribués*[1] ; une sorte d'évolution logique et moderne de la monnaie traditionnelle. Dans la lignée de la méthode scientifique[2], il n'est pourtant pas possible de prouver la validité de cette définition en se reposant sur des faits la validant en apparence : tout un chacun est capable de trouver des exemples soutenant ou corroborant cette idée, au risque de se lancer dans un sophisme rhétorique aux arguments, pour le mieux, fallacieux. Cette apparente rigueur ou évidence sophiste n'est en réalité pas valide au sens logique le plus strict. Il faut donc se reposer sur ladite méthode scientifique en s'attachant à falsifier, et donc à réfuter, la définition considérée. Il est vain de compiler les faits qui s'accordent avec la définition : il faut en revanche démontrer un effet reproductible qui la réfute. La vérité, dans cette logique, n'apparaît que sur un mode négatif et temporaire : la réfutation est la méthode la plus adaptée, dans un monde moderne, à la complexité croissante[3]. Il est alors plus aisé, et plus scientifique, de décrire un phénomène en fonction de ce qu'il n'est pas. Par ailleurs, alors que pendant la décennie précédente les premières publications des instances internationales sur le sujet reprenaient le terme de cryptomonnaie, l'abandon de leur part de cette dénomination pour celle de cryptoactif conforte l'idée de l'hyperbole initiale, et offre une perspective à la fois plus nuancée et plus consensuelle du phénomène.

L'objectif est ici de comprendre la double notion de cryptographie (relevant de *l'écriture cachée* en grec ancien) et de monnaie, en explorant synthétiquement la première et en proposant de réfuter la seconde.

II. LE CONCEPT DE SÉCURISATION CRYPTOGRAPHIQUE ET DE DÉPLOIEMENT VIA LE REGISTRE DISTRIBUÉ

La chaîne de blocs (ou *blockchain*) se définit comme une base de données (ou registre) distribuée au sein d'une communauté d'utilisateurs. Elle est ainsi une

1. FMI (Fonds monétaire international).
2. K. Popper, *La logique de la découverte scientifique*, Payot, 1973.
3. N. N. Taleb, *La via negativa. Réflexions théologiques*, 2013

technologie combinée de transmission et de stockage d'informations dans une architecture traditionnellement[4] décentralisée, c'est-à-dire qui fonctionne sans organe de contrôle ou de régulation centrale. L'une des justifications initiales du recours aux chaînes de blocs repose sur cet affranchissement du recours à un tiers de confiance (une banque ou même une banque centrale, par exemple) mais aussi du recours à une organisation centralisée pour surseoir aux échanges. L'idée fondatrice est donc le retour au gré à gré, si tant est que la définition puisse se rapprocher de la notion de *peer-to-peer* (P2P). On parle ici de technologie décentralisée, car l'architecture même est construite sans serveur central, pour plutôt reposer sur des nœuds hébergés sur le réseau. Chaque nœud héberge, dans la vision classique, une copie de la base de données dans laquelle est inscrit l'historique complet des transactions. Quant à la gouvernance, elle repose sur la répartition du pouvoir entre tous les utilisateurs, *i.e.* les nœuds de la chaîne. On observe alors, concrètement et en accord avec la définition, une base de données réellement distribuée au sein d'un groupe d'utilisateurs. La duplication de l'information est alors fonction du nombre de nœuds, la multiplicité grandissante de ces derniers assurant un outil de vérification graduellement crédible.

Les transactions sont enregistrées dans une suite de blocs reliés les uns aux autres par un procédé cryptographique qui repose sur la fonction mathématique de *hachage*. Elle transforme les données injectées en un identifiant numérique unique, le *hash*, qui certifie leur intégrité. On peut illustrer ainsi la chaîne de blocs :

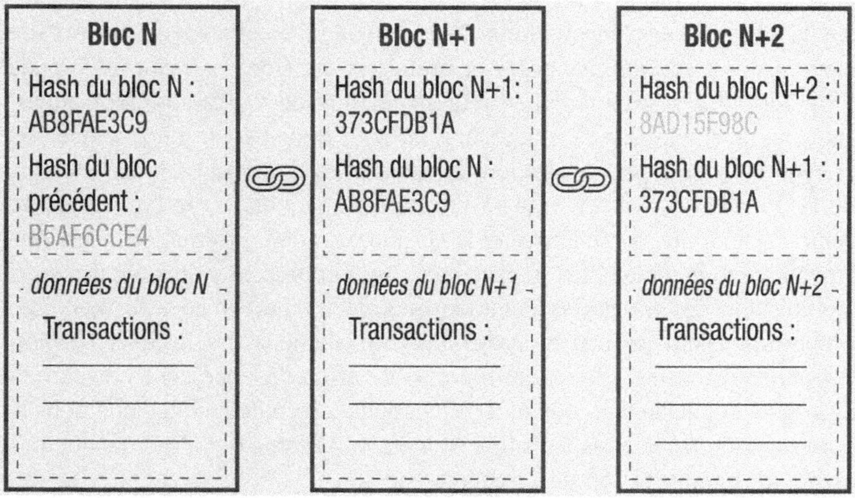

Figure 1 : schéma d'une chaîne de blocs, « La Blockchain », *L'éco en bref*, Banque de France, 2022.

4. Les deux cas sont possibles : certaines chaînes de blocs peuvent tout à fait être organisées sous l'égide d'un organe central, mais elles se retrouvent alors en confrontation avec l'idéologie libertaire qui préside à leur développement initial.

Chaque bloc de la chaîne incorpore son identifiant unique ainsi que l'identifiant du bloc qui le précède, à des fins de traçabilité temporelle : un bloc est ainsi situé et fixé chronologiquement par son prédécesseur et son successeur dans la chaîne. De même, il incorpore les informations relatives aux transactions dont il devient, *de facto*, la trace puis la preuve. Les blocs ne pouvant pas être modifiés (pour des raisons de consensus inatteignable), la base de données est alors jugée inaltérable. Elle permettra le suivi des transactions de façon sécurisée, et l'historique ainsi constitué de détention ou de transaction permettra une traçabilité certifiée. En somme, conceptuellement parlant, l'intégration des blocs est voulue chronologique, indélébile et infalsifiable. En s'autorisant quelques simplifications, on peut estimer que la validation d'un bloc repose sur un consensus global des nœuds pour tout ajout d'information. La falsification est alors réputée impossible proportionnellement au nombre de nœuds existant, la pluralité grandissante rendant caduque les tentatives de putsch visant à appliquer des modifications frauduleuses. Les chaînes de blocs permettent le suivi de transactions d'actifs numériques dits natifs, mais aussi de droits liés à un actif réel converti en enregistrement numérique (un *token*), à l'image de droits d'auteur ou de titres de propriétés de biens immobiliers. Bien entendu, il n'est pas question ici d'être exhaustif sur la notion de chaîne de blocs : la description précédente admet humblement ses limites dans la vulgarisation, en essayant cependant d'être la plus fidèle possible à l'esprit originel qui préside au déploiement, presque idéologique, de cette technologie. Si l'on s'affranchit desdites limites idéologiques initiales, il est alors possible de trouver des chaînes reposant sur le principe des permissions, avec à leur tête cette fois-ci un organe centralisé qui contrôle les accès et prend les décisions, laissant les nœuds à un rôle plus restreint d'utilisateur plutôt que de validateur/certificateur. Dans les exemples les plus courants, on peut imaginer un déploiement de ce type de chaîne pour la gestion du cadastre, afin de suivre la chronologie de la possession d'un bien de sa création à nos jours, avec un organisme central qui assure la crédibilité et la certification de l'information, ainsi que l'inscription inaltérable des transactions. De nombreuses pistes d'utilisations ont été couchées par écrit (ou même mises en chantier) en ce sens, bien que, proportionnellement, peu de projets aient réellement abouti. Sur le papier, les gains en termes de sécurité, de fiabilité et d'efficience sont presque du domaine de l'évidence, ainsi que la possibilité de réduire drastiquement le nombre d'intermédiaires dans une économie moderne qui n'en manque pas (banques, banques centrales, notaires, etc.).

Il reste cependant un certain nombre d'interrogations sur les risques et défis liés à la montée en charge, à la résilience aux attaques en fonction de l'architecture choisie, aux enjeux énergétiques (et donc environnementaux), et aux enjeux plus largement économiques et financiers. Le revers générationnel européen rencontré sur la thématique globale de l'internet (et de l'absence notable de groupes européens au premier plan des GAFAM par exemple) reste pourtant un aiguillon puissant, fort de regrets passés numériques, pour qu'une réelle volonté publique et privée pousse dans le sens d'une appropriation grandissante du phénomène des chaînes de blocs, afin d'assurer que l'Europe, et donc la France, se place à *l'avant-garde de leur développement*[5]. La partie saillante des chaînes de blocs, *i.e.* la plus médiatisée, reste pourtant liée aux cryptoactifs dépeints le plus souvent comme des cryptomonnaies. Si le projet ou les réflexions sur des cryptomonnaies souveraines (centralisées) sont une réalité, l'actuel panorama de ces actifs repose essentiellement sur des initiatives privées, pour lesquelles la nature même de monnaie relève de l'hyperbole.

III. LA RÉFUTATION DE LA NATURE MONÉTAIRE DES CRYPTOACTIFS ACTUELS

La monnaie, au sens traditionnel du terme, repose sur une histoire et une évolution plus que bimillénaire à l'échelle de l'humanité, datée et confirmée bien avant notre ère (en Lydie ou en Grèce antique, par exemple). Si sa nature et sa valorisation ont progressivement et/ou partiellement changé, notamment lors de sa transition entre une valorisation intrinsèque (liée à sa composition) vers une valorisation faciale (basée sur la confiance), sa définition fonctionnelle, elle, reste en revanche remarquablement immuable. C'est par cette même approche fonctionnelle, qui décrit ce qu'est la monnaie, que nous pouvons définir les cryptoactifs pour ce qu'ils ne sont pas, et donc réfuter l'approche pseudo-monétaire.

L'utilité de la monnaie repose depuis l'origine sur trois fonctions fondamentales : elle est à la fois une unité de compte, un moyen d'échange et une réserve de valeurs. Ce sont les trois piliers qui permettent le socle de la monnaie en tant qu'institution économique, un ensemble de caractéristiques *sine qua non*.

Pour débuter, la monnaie est une unité de compte, c'est-à-dire un outil de mesure absolue et relative de la valeur de biens et services hétérogènes. En proposant une unité unique, stable et compréhensible, la monnaie permet à la fois de mesurer une valeur individuelle mais aussi de comparer, en proportion, les valeurs entre elles. Il est alors aisé de mesurer à la fois le prix et sa représentation en termes d'ordre de grandeur. La monnaie est souvent réduite à cette fonction dans la vision populaire. C'est aussi parce qu'elle est hégémonique au plan d'un territoire économique national (ou d'une union monétaire) qu'elle prend sens pour tous. Dans la lignée de cette fonction, elle propose un niveau de divisibilité suffisant permettant un réglage fin des

5. *Les enjeux technologiques des blockchains*, rapport de l'office parlementaire d'évaluation des choix scientifiques et technologiques présenté à l'Assemblée nationale et au Sénat, 2018.

différents prix exprimés dans son unité. Cette particularité, couplée à sa capacité à croître ou décroître au fil des décisions de politique monétaire, permet d'assurer la fourniture d'une quantité adéquate de monnaie pour permettre le règlement de l'ensemble des transactions.

Dans un second temps, la monnaie est un moyen d'échange officiel, au cours légal imposé par la loi. Elle permet le règlement des transactions et l'extinction des dettes, en étant acceptée par tous et pour tout. Il est, théoriquement, impossible de la refuser (sauf si l'on considère la notion plus granulaire des formes qu'elle peut adopter, avec par exemple le refus généralisé dans certains commerces des chèques). La monnaie est endossée et garantie par la banque centrale qui en est l'émettrice exclusive, l'ensemble du système reposant sur la confiance[6], consciente ou inconsciente, accordée à l'organe monétaire central. La combinaison de ces deux premières fonctions explique quasi exclusivement la domination des systèmes monétaires sur les systèmes archaïques de trocs, en simplifiant et réglementant les échanges entre les différents agents économiques.

Enfin, la monnaie est une réserve de valeur : elle survit à sa propre utilisation, est impérissable (à l'inverse de certains supports historiques du troc) et conserve sa valeur d'une transaction à l'autre. On parle alors de sa capacité intertemporelle de réserve de valeur, c'est-à-dire sa capacité à différer la réutilisation de la valeur reçue lors d'une transaction. En dépit de la sensibilité de la monnaie aux phénomènes d'inflation (voir d'hyperinflation, à l'image récente du Venezuela), la monnaie permet en moyenne de transférer du pouvoir d'achat vers le futur, avec une certaine forme de certitude. En somme, la monnaie inspire la confiance, est acceptée par tous et pour tout, sert d'étalon de valeur universel sur son territoire économique officiel et permet de différer dans le temps son utilisation.

Dans la lignée de la *via negativa*, il est désormais temps de définir les cryptoactifs par ce qu'ils ne sont pas. Avant d'entrer dans le détail, fonction par fonction, évoquons d'emblée l'intuition : les cryptoactifs ne remplissent pas l'intégralité des fonctions de la monnaie, ce qui les disqualifie de l'obtention du label monétaire.

D'une part, les cryptoactifs ne sont pas acceptés par tous et pour tout, réfutant d'entrée la fonction de moyen d'échange. Certes, certains pays ont institué un cours légal pour certains cryptoactifs[7], mais cette position reste pour l'instant un épiphénomène ou, de façon plus critique, une aberration statistique. Début 2023, le FMI souligne ainsi que « les cryptoactifs ne devraient pas se voir accorder le statut de monnaie officielle ou de cours légal afin de

6. Qui plus est depuis la fin de la convertibilité-or, qui met fin aux notions de réserves en métaux précieux.

7. En sept. 2021, le Salvador et la République centrafricaine ont adopté le bitcoin à cours légal. Un an après, seuls 20 % des habitants du Salvador continuent d'y avoir recours, dans des proportions relativement limitées.

préserver la souveraineté et la stabilité monétaires[8] », ce qui laisse une très faible probabilité d'occurrence à la généralisation de ce choix discutable. Admettons pourtant ici une utopie illustrative : tous les pays du monde adopteraient, dans celle-ci, le bitcoin comme deuxième monnaie légale. Il n'en reste pas moins que l'immense majorité des cryptoactifs n'aurait pas cours légal : nous aurions donc une éventuelle cryptomonnaie, sur le critère du moyen d'échange, et une multitude de cryptoactifs. Il est en effet peu évident de voir un intérêt à l'établissement de nombreux cryptoactifs dans un cours légal, au risque de supprimer l'avantage d'une monnaie unique, à savoir être un étalon commun. En 2023, on observe un peu moins de 9000 cryptoactifs, avec une part toujours importante du bitcoin d'un point de vue statistique dans les échanges et la capitalisation globale du marché (environ 46 % du poids total) ce qui en ferait, sur la base du volume, le candidat le plus crédible. Il faudrait cependant que sa capitalisation augmente drastiquement, car elle ne représente à l'heure actuelle qu'environ 0,0125 % du montant agrégé des dollars et euros en circulation. Un autre problème, actif-spécifique, serait aussi un frein majeur à une adoption massive : techniquement, la quantité maximale de bitcoin en circulation simultanée est limitée à 21 millions d'unités, pour un peu plus de 19 millions actuellement en circulation[9]. Cette limite supérieure n'est pas quelque chose d'exceptionnel : de nombreux actifs numériques sont prévus et conceptualisés dans une vision d'offre limitée, et donc de rareté. Il n'en reste pas moins qu'il devient impossible pour un actif contraint en volume d'assumer une part significative des échanges mondiaux, sinon à renoncer au concept de divisibilité cohérente. Nous avons rappelé précédemment la capacité de l'offre de monnaie à varier à la hausse comme à la baisse, sous l'autorité de son organe central, la banque centrale. À titre d'exemple, si un bitcoin est valorisé 25000 € environ aujourd'hui, l'équivalent d'une unité monétaire courante serait donc un vingt-cinq millième, difficilement mesurable, et pire encore dans un cas de croissance exponentielle de sa valorisation[10]. Enfin, l'absence d'autorité centrale présidant à la destinée de cryptoactifs comme le bitcoin les laisse vulnérables aux mouvements de spéculations et de paniques, et donc, sujets à de fortes volatilités.

La volatilité des cryptoactifs est le point de départ de leur exclusion des fonctions d'unité de compte et de réserve de valeur. Nous l'avons évoqué, la monnaie conserve en moyenne sa valeur d'une transaction à l'autre, et cette stabilité relative lui permet concomitamment d'assurer le rôle d'étalon et donc d'unité de compte. L'historique récent des principaux cryptoactifs

8. *Press Release* n° 23/51, Fonds monétaire international, févr. 2023.

9. Dont 95 % sont possédés par 2,5 % des utilisateurs, une concentration incompatible, elle aussi, avec l'objectif monétaire.

10. Si l'on estime la somme commune des euros et dollars en circulation aux alentours des 35-40 mille milliards de dollars, il faudrait que chaque bitcoin soit valorisé à hauteur de 1,8 à 2 millions de dollars l'unité. L'exemple est particulièrement fantaisiste, mais donne un ordre de grandeur intéressant pour notre réflexion.

ne milite pas en leur faveur sur ce point : on peut observer des taux de variations à 4 chiffres, à la hausse comme à la baisse, sur le début de la décennie 2020. Certes, le contexte sur la période de la crise sanitaire induit une instabilité économique et financière significative, mais qui n'explique pas, statistiquement, les niveaux de volatilité atteints[11]. Si la volatilité cumulée est importante, sa fréquence l'est aussi : les mouvements de fortes hausses et de fortes baisses se succèdent relativement rapidement, dans des proportions qui, en moyenne, dépassent largement ce qui est observé dans le cadre des monnaies traditionnelles[12]. Dans ce contexte, l'utilisation d'un cryptoactif à la volatilité marquée comme unité de compte complique grandement la notion d'échelle de valeur et de pouvoir de comparaison : lorsque les prix sont multipliés ou divisés par 10 en quelques jours, la conscience commune de la valeur est forcément fragilisée, voire nébuleuse. L'histoire monétaire a compté un certain nombre d'épisodes de cette ampleur, qui ont conduit inévitablement à un retour temporaire et/ou partiel au troc, la monnaie perdant alors sa condition essentielle : la confiance. Enfin, cette volatilité hors norme des cryptoactifs exclut *de facto* la fonction de réserve de valeur : parfois décrits comme de potentielles valeurs refuges, les importantes fluctuations du marché, dignes de l'image des esprits animaux[13] en présence d'asymétries d'informations extrêmes, les rétrogradent au rang d'actifs spéculatifs risqués. Le marché des cryptoactifs est aussi marqué par des mouvements successifs d'entrée et de sortie massifs des investisseurs, en fonction des variations de la confiance pouvant mener à des bulles spéculatives, et par un important phénomène de concentration. Les formes plus modernes de cryptoactifs, au rang desquels les *stablecoins*[14], à la valeur arrimée à une monnaie à cours légal (USD), peinent aussi à convaincre, mais les évoquer nécessiterait de partir sur une analyse plus approfondie des notions de couvertures de risques et de courses aux dépôts, en particulier dans une sphère qui relève de l'initiative privée. En somme, les cryptoactifs sont disqualifiés des fonctions de réserve de valeur et d'unité de compte, ce qui les définit comme de la non-monnaie plutôt que de la quasi-monnaie : ils ne peuvent assumer, au contraire de l'étalon monétaire, aucune des fonctions fondamentales de la monnaie.

---

11. Entre le premier semestre 2020 et le premier semestre 2021, le bitcoin a connu des fortunes diverses partant d'un plancher aux alentours des 4 000 € pour un plafond de plus de 50 000 €, soit une progression de 1150 %.

12. Il existe des exceptions notables, comme le cas de l'Argentine qui a connu dans son histoire des variations et dévaluations extrêmes de la valeur de sa monnaie, mais dans un contexte de défaut qui relève, une fois encore, de l'aberration statistique ou, plus communément, de l'exception qui confirme la règle.

13. *Animal Spirits*, Akerlof & Shiller, 2013.

14. On observe dans la période récente des phénomènes de faillite de ces cryptoactifs, pour manque de couverture assurant leur convertibilité en monnaie légale.

IV. CONCLUSION

Les cryptoactifs, dans leurs formes actuelles, ne peuvent pas prétendre au titre de monnaie dans son sens le plus fondamental. Cette modeste rhétorique de définition par l'absence trouve bien entendu ses limites, en éludant presque totalement les formes modernes des cryptoactifs comme les *stablecoins* ou les idées en gestation de cryptomonnaies souveraines. Cette pseudo-démonstration n'a pas pour vocation d'être exhaustive, ni la prétention d'être innovante, mais remet plutôt en perspective un phénomène emballant et par là même déjà placé sous le microscope des instances centrales internationales et réglementaires. C'est une première incursion dans l'approche complexe et nébuleuse des cryptoactifs dans une vision d'évolution du patrimoine numérique, dans lequel les registres distribués jouent et joueront sans doute graduellement un rôle certain. Dans l'attente, les risques inhérents aux cryptoactifs entraînent des besoins de projections, de surveillance et de collecte de données d'une importance cruciale, cristallisant l'attention des publications sur le sujet. Ce dernier est vaste et les domaines d'applications exponentiels, ce qui implique une complexité multidimensionnelle graduellement croissante. Si l'on s'autorise une courte conjecture, l'avenir le plus crédible à moyen terme semble passer la crypto-transformation des monnaies légales actuelles, sous l'égide des banques centrales concernées, plutôt que par une décentralisation généralisée de la création monétaire. L'alternative reviendrait à tomber de Charybde en Scylla, la création de nouvelles monnaies d'initiative privée (non assurée) *ex nihilo* invitant à revivre les périodes les plus instables, économiquement parlant, de l'histoire monétaire moderne.

PREMIÈRE PARTIE

Le patrimoine numérique à l'épreuve du couple

La qualification des actifs numériques dans le régime de la communauté légale

GULSEN YILDIRIM

Professeur de droit privé à l'Université de Limoges,
directrice exécutive du CREOP (UR 15561)

1. *Des actifs d'un ordre nouveau.* – Sur le plan patrimonial, le numérique ne se contente pas de bouleverser les modes de détention et de gestion des actifs traditionnels. Il crée ses propres actifs qui contribuent à la naissance d'un « patrimoine numérique » d'un ordre nouveau. Dans le régime de la communauté légale, ces actifs n'échappent pas à la question de leur qualification, opération essentielle pour déterminer leur sort, notamment lors de la liquidation.

Pour pouvoir qualifier, encore faut-il connaître le fonctionnement de ces actifs ! Et c'est sur ce point que l'exercice est difficile. La jurisprudence, et même la doctrine, pourtant bien fournie en matière de qualification des biens, sont d'une rareté déconcertante obligeant à de périlleuses suppositions ou supputations dont on ne peut garantir l'exactitude.

2. *Recenser les actifs numériques.* – Selon une étude récente de la banque centrale européenne, 6 % des ménages français détiendraient des cryptomonnaies, chiffre en constante augmentation[1]. Lors de la liquidation, le premier réflexe doit donc être d'interroger les époux sur la détention éventuelle de ce type d'actifs.

Cet exercice n'est pas aisé[2]. Beaucoup de ces actifs ont une nature anonyme. Un époux peut parfaitement cacher leur existence et il faudra certainement

1. V. *supra*, P.-N. Rehault, « L'hyperbole des cryptomonnaies ou la réfutation de la nature pseudo-monétaire des cryptoactifs. Regards de l'économiste ».
2. En ce sens N. Laurent-Bonne, « Les actifs numériques en contexte de séparation », *AJ fam.* 2023. 486.

que la règlementation évolue. Ces derniers doivent en principe être déclarés à l'administration fiscale en même temps que la déclaration de revenus ou de résultats (CGI, art. 1649A), ce qui devrait en principe faciliter leur recensement à l'occasion d'un divorce ou d'un décès. Mais cette obligation ne concerne pas tous les actifs numériques et est-elle vraiment respectée dans les faits?

Les fichiers classiques tels que FICOBA ou FICOVIE mis à la disposition des notaires ne sont pas d'une grande utilité puisque les monnaies virtuelles notamment ne sont pas détenues par l'intermédiaire de comptes bancaires classiques, mais acquises par l'interface de plateformes d'échanges. Ces difficultés de recensement supposeraient la création d'un fichier spécifique[3].

3. *Double incertitude.* – Certes la dissimulation d'un tel bien expose l'époux aux sanctions du recel (C. civ., art. 1477) mais encore faut-il pouvoir les qualifier de biens communs.

Tout d'abord, l'incertitude sur la nature de ces biens se retrouve dans leur qualification. Ainsi les cryptomonnaies sont-elles des biens, des biens fongibles, des monnaies[4]? Des réponses ont été récemment apportées par la jurisprudence ou le législateur, utile pour la qualification mais l'absence d'unité des actifs numériques qui ne se limitent pas aux cryptomonnaies ne permet pas d'avoir des règles générales.

Une fois admise la patrimonialité de certains actifs numériques, la seconde difficulté est d'ordre pratique. La communauté est une propriété collective. Le bien appartient à deux personnes par l'effet de leur régime matrimonial. Or ces actifs semblent se tourner vers des formes individuelles d'appropriation. Par exemple, le fonctionnement des cryptomonnaies s'appuie sur un support numérique spécifique, les fameuses technologies de registres distribuées (DLT pour *Distributed Ledger Technologies*), dont la *blockchain* fait partie[5]. Or, ces technologies ne semblent pas connaître à première vue les mécanismes de propriété collective. Par conséquent, ces biens numériques sont-ils compatibles avec le régime légal?

4. *Revenir aux règles classiques.* – Lorsque l'on navigue à vue, la prudence nous incite à revenir à nos fondamentaux et à une relecture du droit des régimes matrimoniaux sous le prisme du numérique et c'est là que l'on constate que les vieux canons de la communauté légale déploient leur incroyable modernité et leur capacité à s'adapter. Ils permettent de trancher sans grande difficulté la qualification de ces biens numériques.

3. Sur ce point le rapport du 117e Congrès des notaires propose la création d'un carnet numérique de suivi du patrimoine qui permettrait notamment de regrouper les informations du patrimoine familial, notamment numérique (117e Congrès des notaires de France, *Le numérique, l'homme et le droit. Accompagner et sécuriser la révolution digitale*, Nice, 2021, p. 501, n° 2754).

4. V. *supra*, K. Lafaurie, « Regards de juriste ».

5. D. Legeais, « Blockchain et cryptoactifs : état des lieux », *RTD com.* 2018. 754.

Des évidences qui découlent du fonctionnement même du régime de communauté (I) s'opèrent sans toutefois supprimer toutes les incertitudes qui s'expliquent par les ambiguïtés propres à ces biens (II).

I. DES QUALIFICATIONS ÉVIDENTES

5. Dans le régime légal, de deux choses l'une : soit l'actif numérique est commun, soit il est propre. La catégorie des biens propres n'est pas, à l'inverse des biens communs, ouverte. La logique du principe assorti d'exceptions justifie que le caractère propre du bien découle d'un texte. Appliqué au cas particulier des actifs numériques, il commande que ces derniers tombent dans la communauté dès lors qu'ils sont acquis à titre onéreux pendant le régime (A) et qu'ils sont qualifiés de revenus (B).

A. LE CARACTÈRE COMMUN DES ACTIFS NUMÉRIQUES ACQUIS À TITRE ONÉREUX

6. *Essence du régime légal.* – La présomption de communauté est l'une des « pièces maîtresses » d'un régime de communauté[6]. Tout bien est réputé acquêt de communauté et c'est à celui qui a intérêt à le qualifier de propre de démontrer qu'il a ce caractère (C. civ., art. 1402). Surtout, cette présomption est d'application générale : elle concerne tous les biens, quelle que soit leur nature et donc les biens numériques.

Elle présente un autre intérêt face à l'émergence de nouveaux biens. En effet le doute sur l'origine d'un bien notamment mobilier profite à la communauté. Or, s'agissant des actifs numériques, ce sont souvent des biens dont on ne sait comment ils ont été acquis mais dont on peut déterminer qu'ils l'ont été à une période, pendant le mariage, et généralement à titre onéreux.

7. *Application aux cryptomonnaies.* – Pour les cryptomonnaies, bien qu'elles remplissent les fonctions classiques d'une monnaie, le législateur et les juges lui ont pour l'instant refusé cette qualification. Le Code monétaire et financier les appréhende à travers l'expression, un peu ambiguë, de « représentation numérique de la valeur » (C. mon. fin., art. L. 54-10-1). Malgré cette controverse, il fait peu de doute que les cryptomonnaies sont des biens puisqu'elles sont appropriables et susceptibles d'être échangées[7].

Monétaire ou non, la nature propre ou commune de la cryptomonnaie dépendra de sa date d'acquisition et de son mode d'acquisition. Acquise à titre onéreux pendant le mariage, elle sera commune. Acquise à titre gratuit

---

6. J. Flour et G. Champenois, *Les régimes matrimoniaux*, 2e éd., Armand Colin, 2001, n° 328.
7. V. D. Legeais, V° « Actifs numériques et prestataires sur actifs numériques », *J.-Cl. Com.*, fasc. 535, 2019, nos 55 s.

ou avant le mariage, elle sera propre. Dans ce dernier cas, l'époux bénéficiaire devra en apporter la preuve ce qui, le temps passant, peut être complexe mais cette difficulté se retrouve pour la plupart des actifs financiers en raison de la fongibilité monétaire[8].

8. *Ne pas confondre propriété et pouvoir.* – Par ailleurs, en dépit de l'artefact technologique qui les sous-tend, les cryptomonnaies sont des biens impersonnels qui excluent la qualification de bien propre par nature au sens de l'article 1404. Certes, en pratique, c'est celui qui détient la clef privée qui a la maîtrise des biens enregistrés sur la *blockchain*, car il est le seul à pouvoir authentifier des transactions sur ses actifs. Toutefois la question du pouvoir sur ces cryptomonnaies[9] ne préjuge en rien de leur nature.

Ainsi, par comparaison, un compte bancaire personnel est tout aussi « crypté ». Cette autonomie de gestion est même garantie par la loi grâce à la présomption bancaire (C. civ., art. 221). Cependant, le pouvoir sur les sommes figurant dans le compte est une chose ; la propriété en est une autre. C'est pourquoi, sauf preuve contraire, le solde créditeur d'un compte personnel figure dans l'actif de la communauté[10]. De même, ce n'est pas parce qu'un bien mobilier est au nom d'un époux qu'il n'est pas commun.

La technologie des registres distribués ne devrait donc pas faire obstacle à l'appréhension des cryptomonnaies par la communauté. On pourrait d'ailleurs se contenter de les intégrer, non pas en nature, mais seulement en valeur, en écho à la fameuse distinction du titre et de la finance. On distinguerait alors, non sans critique, la valeur de sa représentation numérique[11].

B. LE CARACTÈRE COMMUN DES REVENUS ISSUS D'UNE ACTIVITÉ NUMÉRIQUE

9. *Des revenus dits « passifs ».* – Le numérique est parfois source de revenus et, dans le régime légal, la qualification de ces gains est inévitable. Ces revenus qualifiés de « passifs » peuvent être issus d'un blog à succès, d'une chaine numérique ou d'un réseau social. Plus la page suscitera un engagement fort, plus les marques et produits contacteront le titulaire. Il suffit alors d'évoquer leurs produits dans des posts et vidéos, pour recevoir une participation

8. V. Civ. 1re, 30 mai 2014, n° 13-13.579, *D.* 2015. 287, obs. Fricero, *AJ fam.* 2014. 383, obs. Hilt, *RTD civ.* 2015. 681, obs. Vareille, *RTD civ.* 2015. 683, obs. Vareille, *Gaz. Pal.* 16 sept. 2014, n° 259, obs. J. Casey, sur le sort d'une donation d'un portefeuille de valeurs mobilières ayant transité par plusieurs comptes durant le mariage.

9. V. *infra*, N. Mouligner-Baud, « La perturbation des règles de gestion du régime légal en présence d'actifs numériques ».

10. Civ. 1re, 9 juill. 2008, n° 07-16.545, *AJ fam.* 2008. 438, obs. Hilt, *RTD civ.* 2009. 158, obs. Vareille, *JCP* 2008. I. 202, n° 7, obs. Simler.

11. En ce sens Rapport du 117e Congrès des notaires de France, *Le numérique, l'homme et le droit*, *op. cit.*, n° 2730.

financière. Ce système de sponsoring permet à la marque de gagner en notoriété et à l'époux de percevoir des revenus grâce à des publications programmées pour entretenir l'intérêt de ses « followers ». Les influenceurs appartiennent à cette nouvelle catégorie d'acteurs apparue avec l'avènement du numérique et notamment des réseaux sociaux. Ce n'est plus seulement un gagne-pain mais souvent un véritable métier.

10. *Des produits de l'industrie personnelle.* – Malgré la diversité de ces sources de revenus, leur perception pendant le mariage les fait tomber dans la communauté. On rappellera que les produits de l'industrie personnelle (C. civ., art. 1401) sont communs et c'est d'ailleurs la source première de la communauté.

L'expression « industrie personnelle » s'entend dans sa signification générique traditionnelle d'activité (du latin *industria*), quelle que soit sa nature et quel que soit le domaine dans lequel celle-ci est exercée : activité professionnelle ou non, subordonnée ou non, manuelle ou intellectuelle, numérique ou non[12]... De même, s'agissant des revenus professionnels, biens communs par excellence, la jurisprudence retient une interprétation extensive au point d'y intégrer les gains de jeu[13]. La seule limite touche à l'indemnité perçue en réparation d'un préjudice corporel ou moral (C. civ., art. 1404), qualification qui ne peut être retenue pour les revenus d'une activité numérique.

11. *Rémunérations des mineurs de cryptos.* – Les rémunérations perçues par les mineurs de cryptos tombent aussi dans la communauté mais sur un fondement différent. « Entendu dans un sens large, le minage renvoie aux processus d'émission de cryptomonnaies venant récompenser les personnes qui participent à la sécurisation et à la transparence du registre[14] ». Cette rétribution peut être la contrepartie de la mise à disposition par le mineur d'une certaine puissance de calcul informatique afin de valider les transactions sur les actifs numériques ou de la pratique du verrouillage des cryptomonnaies dite *staking*[15].

En récompense de cette activité, les mineurs peuvent recevoir une certaine quantité d'unités de monnaie virtuelle. Cette rétribution n'est cependant pas issue directement du travail des mineurs mais de la mise à disposition de biens et s'apparente davantage à des revenus du capital[16]. Toutefois, même qualifiés comme tels, ils demeurent communs dès lors qu'ils sont perçus durant le mariage.

---

12. Ainsi, la pêche et la chasse sont autant d'« industries personnelles » et, dès lors, pour reprendre la célèbre formule du doyen Cornu, « la bécasse que je tire tombe dans la communauté; la truite sort commune de l'eau d'où je l'enlève » (G. Cornu, *Les régimes matrimoniaux*, PUF, 1997, p. 316).
13. En ce sens TGI Créteil, 18 janv. 1988, *Rép. not.* 1988. 1244, obs. Champenois, *JCP* 1989. II. 21385, note Simler.
14. M. Touchais, « Cryptomonnaies et communauté de biens », *LPA* janv. 2023, p. 71.
15. M. Mekki, « Les mystères de la blockchain », *D.* 2017. 2160, spéc. n° 5.
16. En ce sens M. Touchais, préc., p. 71.

12. En somme, le télescopage entre la singularité des actifs numériques et les règles de la communauté légale n'apparait pas insurmontable. Les vieux principes du régime légal suffisent à les faire tomber dans la masse commune. Toutefois cette singularité n'exclut pas le maintien de quelques incertitudes.

II. DES QUALIFICATIONS INCERTAINES

13. L'interface technologique qui sous-tend les actifs numériques oblige à des adaptations sources inévitables d'incertitudes. En effet, on ne peut pas faire abstraction du lien unissant certains actifs numériques à la personne de l'époux (A) et des conséquences des opérations portant sur ces actifs (B).

A. LE LIEN ENTRE ACTIF NUMÉRIQUE ET PERSONNE DE L'ÉPOUX

14. *Indifférence du support numérique.* – Les biens à caractère personnel demeurent propres même si le support qui les identifie est numérique. Il en va ainsi pour les souvenirs de famille, les lettres missives et plus largement la correspondance privée, l'album de photos sur un ordinateur, un smartphone ou un réseau social. Le contenu étant personnel, le support est indifférent.

15. *Œuvre numérique.* – Les choses numériques peuvent recevoir la qualification d'œuvres de l'esprit au sens du Code de la propriété intellectuelle dès lors qu'elles présentent un caractère d'originalité (CPI, art. L. 112-1 s.).

Pour la jurisprudence, une œuvre est originale lorsqu'elle porte l'« empreinte de la personnalité » de son auteur. Ainsi un site web, un blog, un jeu numérique peuvent avoir la qualité d'œuvre protégée[17].

Par conséquent, le droit de divulguer l'œuvre numérique, de fixer les conditions de son exploitation et d'en défendre l'intégrité reste propre à l'époux auteur ou à celui des époux à qui de tels droits ont été transmis (CPI, art. L. 121-9). En revanche, les produits pécuniaires provenant de l'exploitation de l'œuvre sont communs (CPI, art. L. 121-9, al. 2).

16. *Instrument numérique de travail.* – Un actif numérique peut aussi être appréhendé comme un instrument de travail propre en application de l'article 1404

17. Sur la protection d'un site web, Paris, 10 oct. 2003, *CCE* 2004, n° 14, note Caron. Sur la protection d'un programme d'envois de cartes postales publicitaires par le réseau internet, Paris, 10 oct. 2003, *Propr. intell.* 2004, n° 10, p. 543, obs. Lucas, et pour un site internet de vente privée en ligne, Civ. 1re, 12 mai 2011, *CCE* 2011, n° 84, note Caron, *Propr. intell.* 2011, n° 40, p. 286, obs. Bruguière, *RIDA* oct. 2011, p. 175, note Sirinelli.

alinéa 2. Il renvoie au support numérique ou à l'outil numérique nécessaire à l'exercice de la profession de l'un des époux. Ainsi le compte Instagram d'un influenceur très suivi représente son instrument de travail dès lors qu'il en fait son métier. De même, les documents numériques qui sont soit en circulation soit stockés dans un ordinateur sont aussi des instruments de travail. Il faut bien sûr réserver l'hypothèse d'un bien numérique comme un logiciel qui est l'accessoire d'un fonds de commerce ou d'une exploitation dépendant de la communauté (C. civ., art. 1404, al. 2).

17. *Cas particulier des tokens.* – La qualification des *tokens* est controversée. Ce jeton est un bien incorporel représentant, sous forme numérique, un ou plusieurs droits « pouvant être émis, inscrits, conservés ou transférés au moyen d'un dispositif d'enregistrement électronique partagé permettant d'identifier, directement ou indirectement, le propriétaire dudit bien[18] ». L'objectif est de rendre plus liquide toutes les catégories d'actifs, y compris un immeuble. À la différence des cryptomonnaies, les jetons ne sont pas des biens autonomes en ce qu'ils n'ont pour objet que de représenter, numériquement, un bien qui n'est pas, quant à lui, nécessairement numérique.

Cependant la catégorie des jetons est hétérogène[19]. Certains ne sont pas attachés à la personne en raison de leur nature fongible *(utility tokens)*. Ils permettent à leurs titulaires d'accéder à un service proposé par l'émetteur et auquel tout utilisateur peut avoir accès. En revanche les *non fongible tokens* (NFT) représentent un actif unique, indivisible et identifiable. L'absence de fongibilité peut-elle les intégrer dans la catégorie des biens propres par nature? La difficulté est de mesurer l'intensité du lien entre ce droit numérique et l'époux. La lettre de l'article 1404 incite à une interprétation restrictive. Il exige un « caractère personnel » et emploie le terme « exclusivement ». Il conviendra donc de rechercher dans chaque cas si l'incontestable lien qui unit l'époux au droit est suffisamment puissant pour entraîner l'exclusion de communauté. De plus, il ne suffit pas qu'un droit soit non fongible pour qu'il soit considéré comme un propre par nature.

On serait tenté d'appliquer la distinction du titre et de la finance mais les exemples jurisprudentiels n'y sont pas favorables. Le titre n'est pas la contrepartie d'une compétence, d'une expérience professionnelle et de l'*intuitu personae* découlant de la qualité d'associé.

18. *Exclusion du régime des stock-options.* – L'assimilation de ces *tokens* au régime des stock-options est aussi discutable. Pour rappel, le droit d'option est propre parce qu'il est incessible et que l'attribution des droits a été faite à l'époux en reconnaissance de ses qualités personnelles mises au service de

18. V. la définition C. mon. fin., art. L. 552-2.

19. V. D. Legeais, « Actifs numériques et prestataires sur actifs numériques », préc., n° 5.

la société[20]. Il est donc logique qu'à la dissolution de la communauté, l'époux titulaire les reprenne au titre de propre. En revanche, les actions acquises par l'exercice de ces droits entrent dans la communauté lorsque l'option est levée au cours du mariage.

Rien de tel pour les *tokens* sachant que les stock-options sont attribuées à titre gratuit alors que les jetons sont acquis à titre onéreux[21]. Par conséquent, malgré l'absence de certitude, en l'absence d'opération de remploi, ils doivent être logiquement communs. Il faudra néanmoins tenir compte de la diversité des titres et de la créativité constante de nouveaux produits dans ce monde virtuel.

B. L'INCIDENCE DES OPÉRATIONS PORTANT SUR DES ACTIFS NUMÉRIQUES

19. *Subrogation automatique ou volontaire?* – La subrogation réelle occupe une place fondamentale dans le régime légal. L'objectif est essentiellement de conserver la consistance des patrimoines notamment propre. Imaginons un époux titulaire d'actifs numériques propres. Leur aliénation à titre onéreux peut donner lieu à une subrogation. Toutefois l'application de la distinction entre la subrogation automatique et celle qui est subordonnée aux formalités de l'emploi ou du remploi s'avère délicate. En particulier, la nature discutée des cryptomonnaies ne facilite pas la qualification puisque le droit des régimes matrimoniaux n'opère pas de distinction entre la monnaie et la représentation de la valeur. Il fait référence aux deniers utilisés ou aux sommes employées. Doit-on alors considérer les cryptos comme une monnaie d'échange ou un bien non monétaire?

20. *Subrogation automatique.* – Cette controverse est indifférente lorsqu'un bien propre non monétaire est remplacé par des cryptomonnaies. L'opération donnera lieu à une subrogation automatique soit parce qu'elles correspondent au prix (C. civ., art. 1406, al. 2) soit parce qu'elles constituent le bien échangé dès lors que la règle « *Major pars trahit ad se minorem* » est respectée (C. civ., art. 1407)[22].

---

20. En ce sens Civ. 1re, 9 juill. 2014, n° 13-15.948, *Bull. civ.* I, n° 134, *D.* 2014. 1544, et 2434, obs. A. Rabreau, *Just. et cass.* 2015. 229, rapp. X. Savatier, et 240, avis J.-P. Jean, *AJ fam.* 2014. 508, obs. P. Hilt, *Rev. sociétés* 2015. 43, note I. Dauriac, *RTD civ.* 2014. 935, obs. B. Vareille, *JCP* 2014. 1013, note F. Sauvage, et 2015. Doctr. 138, n° 2, obs. F. Deboissy et G. Wicker, *JCP N* 2014. 1318, note E. Naudin, *Dr. fam.* 2014. n° 145, note B. Beignier, *Dr. sociétés* 2015, n° 24, note R. Mortier, *Defrénois* 2014. 1311, note F. Bicheron, et 2015. 578, obs. G. Champenois, *LPA* 10 déc. 2014, p. 9, note M.-C. Aubry, et 25 août 2014, p. 7, note V. Zalewski, *Gaz. Pal.* 19 nov. 2014, p. 11, note R. Cabrillac et v. P. Simler, « Les stock-options saisies par le droit patrimonial de la famille », *Defrénois* 2017. 446 ; Civ. 1re, 25 oct. 2023, n° 21-23.139.

21. En ce sens v. Rapport du 117e Congrès des notaires de France, *op. cit.*, n° 2728.

22. En ce sens M. Touchais, « Cryptomonnaies et communauté de biens », préc., p. 71.

21. *Incertitudes.* – En revanche, la nature de ces actifs aura toute son importance lorsqu'à l'inverse, des cryptomonnaies propres auront permis l'acquisition d'un bien non monétaire. Si les cryptos sont classées dans la catégorie des actifs non monétaires, l'opération sera plutôt considérée comme un échange. D'ailleurs la jurisprudence interprète largement les cas de subrogation automatique. Ainsi, l'opération par laquelle l'apporteur et une société se donnent respectivement un bien déterminé et des valeurs contre ce bien a pour effet de faire entrer les valeurs dans le patrimoine de l'apporteur sans que la déclaration d'emploi soit nécessaire[23].

Cependant, la fongibilité des cryptos comparable à la monnaie n'exige-t-elle pas l'accomplissement des formalités d'emploi ou de remploi afin de s'assurer de la nature des « fonds » utilisés dans l'opération ? Dans le doute, la double déclaration devrait être conseillée notamment lorsque les enjeux financiers sont majeurs[24].

22. *Cryptomonnaies reçues lors d'une bifurcation.* – La complexité atteint son paroxysme lorsque le monde virtuel fait l'objet de dissensions et donne lieu à des « bifurcations » ou « *fork* ». Ce terme « désigne une division en deux branches indépendantes au sein de la *blockchain* et se concrétise dans certains cas (appelés *hard fork*) par la création d'une nouvelle monnaie[25] ». Ainsi un époux propriétaire de bitcoin acquis avant le mariage se voit offrir du bitcoin cash à la suite d'un *fork* survenu après le mariage. La nature de ces « récompenses » issues de cette division se pose en régime légal.

S'agit-il de biens communs en raison de leur acquisition durant le régime ou de leur caractère de fruits des cryptos initiales ?

La qualification de propre n'est pas totalement exclue en présence d'un lien avec le « portefeuille » initial propre[26]. Comme en matière de valeurs mobilières, ne peut-on pas considérer cette « récompense » comme une forme d'accroissement liée à la détention de la monnaie initiale. La lettre et même l'esprit de l'article 1406 s'y opposent puisqu'il vise « les valeurs nouvelles et autres accroissements se rattachant à des valeurs mobilières propres ».

S'agissant d'un accessoire d'un portefeuille propre, il exige un lien matériel, économique ou juridique entre le bien principal et l'élément secondaire[27], en

23. Civ. 1re, 27 mai 2010, n° 09-11.894, *AJ fam.* 2010. 400, obs. Hilt, *RLDC* 2010/75, n° 3974, obs. Serra, pour des actions propres acquises par le mari en contrepartie de l'apport à la société du fonds de commerce lui appartenant en propre ; et Civ. 1re, 13 déc. 2017, n° 16-24.772, pour des parts sociales remises en échange de parts acquises avant le mariage et reçues à la suite d'une fusion de deux sociétés. V. F. Chapuisat, « Vers une utilisation extensive de la subrogation réelle. À propos des lois du 13 juillet 1965 et 3 juillet 1971 », *RTD civ.* 1973. 643.

24. En ce sens M. Touchais, préc., p. 71.

25. M. Touchais, « Cryptomonnaies et communauté de biens », préc., p. 71.

26. M. Touchais, préc., p. 71.

27. V. Civ. 1re, 22 nov. 2005, n° 02-14.97 P, *JCP* 2006. I. 141, n° 10, obs. Simler, *AJ fam.* 2006. 115, obs. Hilt, *RTD civ.* 2006. 355, obs. Vareille, pour un véhicule automobile acquis à titre d'accessoire d'un cabinet d'assurances propre.

d'autres termes une interdépendance. Par conséquent seule l'intensité du lien de dépendance entre les deux catégories de biens issues de la bifurcation permettra de qualifier la nouvelle monnaie.

23. *Conclusion.* – Si l'incertitude demeure, la qualification des actifs numériques se réalise au prix d'une adaptation des textes face à la singularité de ces biens. Toutefois, cet exercice n'est pas si étranger à la jurisprudence qui démontre constamment la malléabilité et la formidable actualité des règles en matière de qualification qui, pour la plupart, datent de la loi du 13 juillet 1965. Loin d'être une menace, le monde libertaire du numérique ne parvient pas à échapper aux fourches caudines du régime légal...

Pacs et patrimoine numérique

WILFRIED BABY

Notaire associé à Pamiers, docteur en droit, chargé d'enseignements à l'Université Toulouse-Capitole

Nous ne reviendrons pas sur le périmètre du patrimoine numérique[1], très bien délimité par Monsieur le professeur Lafaurie. Nous axerons notre propos sur les principales facettes que ce dernier peut prendre : la « monnaie numérique », la propriété des œuvres numériques (logiciels, créations artistiques...), le « fonds libéral » de l'intervenant numérique à but lucratif (type influenceur...) et les éléments relatifs à la personnalité numérique (type profil Facebook...).

Quant au Pacte civil de solidarité (Pacs), rappelons que c'est la loi du 15 novembre 1999 qui a donné naissance à cette troisième voie conjugale, à côté du mariage et du concubinage, défini comme « un contrat conclu par deux personnes physiques majeures, de sexe différent ou de même sexe, pour organiser leur vie commune » (C. civ., art. 515-1).

Sauf à rappeler que dans la vie du Pacs, il y a un avant et un après 2007, année au cours de laquelle sont entrées en vigueur la loi Tepa 2007-1223, du 24 août 2007 exonérant le partenaire survivant de toute fiscalité successorale, et la loi 2006-728, du 23 juin 2006 portant réforme du droit des successions et des libéralités, mais également du régime civil du Pacs et notamment de son régime de biens. Il s'en suivit une explosion du nombre de Pacs, jusqu'alors cantonné à 50000 pactes enregistrés annuellement pour atteindre 100000 puis rapidement près de 200000, nombre encore stable aujourd'hui, quinze ans plus tard. En effet, le Pacs, voulu comme un cadre juridique pour les couples de même sexe, destiné à repousser la création d'un mariage pour tous (finalement adopté en 2013) était demeuré ouvert à tous les couples dans la tradition universaliste du droit français. Il a été très rapidement adopté par les couples de sexes différents, lesquels représentent depuis ses débuts 95 % des pacsés.

1. Le style oral a été conservé.

Pour revenir sur le sujet qui nous occupe aujourd'hui, l'innovation majeure de la loi du 23 juin 2006 réside dans la réforme du régime des biens. Le législateur de 1999 a refusé de trancher entre le régime séparatiste, jugé trop éloigné de l'esprit de mise en commun et de solidarité présumé du Pacs, et le régime communautaire, considéré comme trop proche de la structure conjugale. Il a opté pour une voie hybride inédite reposant sur un mécanisme de présomptions d'indivision concernant les biens acquis à titre onéreux pendant le Pacs (cette voie hybride et originale lui permettant également d'éviter de voir qualifier le Pacs de « mariage *bis* »). La loi opérait ainsi une distinction entre les meubles meublants et les autres biens. Les premiers étaient présumés indivis par moitié, sauf déclaration contraire dans la convention de Pacs ; il en était de même lorsque la date d'acquisition de ces biens ne pouvait être établie (C. civ., art. 515-5, al. 1 ancien). Les seconds étaient également présumés indivis par moitié sauf si l'acte d'acquisition ou de souscription en disposait autrement (C. civ., art. 515-5, al. 2 ancien) ; il ne semblait pas possible d'écarter cette présomption dans la convention concernant ces biens. Ce régime des biens a été très vivement critiqué par la doctrine et la pratique, notamment en raison de son champ d'application mal défini, de la lourdeur de la gestion de l'indivision, de sa nature temporaire, et par le caractère dangereux de son application automatique. Rappelons que ce régime existe toujours dans notre environnement juridique, applicable aux couples pacsés avant le 1er janvier 2007 et n'ayant pas modifié leur Pacs initial après cette date.

La réforme de 2006 proposa un schéma plus cohérent, en instaurant comme régime légal celui de la séparation des patrimoines. Son mécanisme est contenu dans l'article 515-5 alinéa 1er du Code civil, lequel dispose : « Sauf dispositions contraires de la convention visée au deuxième alinéa de l'article 515-3, chacun des partenaires conserve l'administration, la jouissance et la libre disposition de ses biens personnels. Chacun d'eux reste seul tenu des dettes personnelles nées avant ou pendant le pacte, hors le cas du dernier alinéa de l'article 515-4. » Désormais, lorsqu'un partenaire acquiert seul un bien à titre onéreux durant le Pacs, il en demeure seul propriétaire, sauf convention contraire. Ce principe de séparation est accompagné d'une présomption d'indivision posée par l'article 515-5 alinéa 2 : « Chacun des partenaires peut prouver par tous les moyens, tant à l'égard de son partenaire que des tiers, qu'il a la propriété exclusive d'un bien. Les biens sur lesquels aucun des partenaires ne peut justifier d'une propriété exclusive sont réputés leur appartenir indivisément, à chacun pour moitié. » Il s'agit ici d'une reprise de l'article 1538 du Code civil applicable aux époux séparés de biens. L'adoption de la séparation de biens comme régime légal procure une sécurité et une simplicité de fonctionnement bien plus importantes pour les partenaires. Ces derniers conservent toutefois la possibilité d'opter dans la convention initiale ou dans une convention modificative pour le régime d'indivision, d'esprit communautaire. Le législateur de 2006 a construit le dispositif de ce régime en s'inspirant très largement de la communauté conjugale, mais aussi en s'en démarquant par endroits, ce qui nous intéresse particulièrement aujourd'hui.

C'est donc au regard de ces trois régimes de biens qu'il convient de qualifier le patrimoine numérique du couple. Nous prendrons le parti d'évacuer assez rapidement le sujet du régime légal actuel (lequel ne présente pas de particularités majeures par rapport au régime matrimonial de la séparation de biens) et de celui de 1999 (au regard de sa faible présence statistique dans notre environnement juridique actuel). Nous nous bornerons à trois précisions. Concernant le premier régime, le sujet principal relève du droit de la preuve de la propriété de tel ou tel actif numérique. Il invite peut-être à prévoir de nouvelles présomptions de propriété dans nos contrats de Pacs (et plus largement dans nos contrats de mariage), encore trop orientés vers l'économie familiale traditionnelle (comptes bancaires, meubles, bijoux et effets personnels). Concernant le second régime, ses failles ayant justifié une réforme si rapide ressortent encore plus vivement au révélateur du patrimoine numérique, notamment quant à la notion d'acte d'acquisition ou de souscription au sein duquel la présomption d'indivision peut être combattue. De sorte que la loi de 1999 ne permet pas de qualifier avec sécurité les biens créés, de même que les revenus du travail. Précisons enfin qu'aucune disposition n'existe dans le droit du Pacs en matière de passif patrimonial (hormis les dispositions relatives à la solidarité ménagère).

Nous nous concentrerons donc sur le régime optionnel actuel de l'indivision des acquêts, qui présente le double intérêt d'être une création originale (bien que peu retenue en pratique par les couples... et lorsque c'est le cas, parfois sans le savoir) mais surtout d'avoir été pensé comme le prototype de ce que pourrait être le régime matrimonial de la communauté modernisée. Nous verrons que ce patrimoine numérique est souvent le révélateur, non des failles de ce régime, mais de ces différences avec le régime matrimonial légal, précédemment analysé par Madame le professeur Yildirim au regard de la communauté légale. Le fonctionnement de ce régime repose sur un principe et des exceptions.

I. LE PRINCIPE DE L'INDIVISION DES ACQUÊTS

1. Rappelons le principe de ce régime, énoncé par l'article 515-5-1 du Code civil : « Les partenaires peuvent, dans la convention initiale ou dans une convention modificative, choisir de soumettre au régime de l'indivision les biens qu'ils acquièrent, ensemble ou séparément, à compter de l'enregistrement de ces conventions. »

2. Les biens susceptibles d'entrer en indivision répondent donc à la définition la plus large possible. Il s'agit des biens de toute nature, la distinction réalisée

en 1999 entre les meubles meublants et les autres biens n'ayant pas été reprise. Sont donc susceptibles d'entrer en indivision tous biens, meubles ou immeubles, corporels ou incorporels. La restriction ne concerne donc pas la nature des biens concernés, mais leurs modalités d'acquisition, laquelle devra être réalisée à titre onéreux, et ce, que le bien ait été acquis par l'un ou l'autre des partenaires ou par eux ensemble. Précisons que si les acquêts constituent l'essentiel de la masse indivise, il existe également des biens indivis entre les partenaires qui ne sont pas pour autant des acquêts, à commencer par les biens ne pouvant faire l'objet d'une preuve de propriété personnelle. Notons toutefois que si l'article 1401 du Code civil a fortement influencé ce principe de « mise en communauté », l'article 1402 relatif au défaut de preuve n'a pas été repris. Restent en revanche en dehors de ce mécanisme les biens acquis à titre gratuit ainsi que ceux possédés au jour de l'enregistrement de ce régime.

3. Cette entrée en indivision présente différents caractères, communs avec la communauté conjugale : l'automaticité, l'égalité et l'impossibilité de recours entre les partenaires en cas de financement inégal. Ce point, expressément énoncé par l'article 515-1 du Code civil, était précisément en suspens dans le cadre de la loi de 1999, un doute subsistant sur la nature, simplement technique ou à l'inverse patrimoniale, de la double présomption de l'article 515 du même Code.

Appliqué au patrimoine numérique, ce principe engendre donc une indivision sur tous les actifs numériques acquis à titre onéreux par les deux partenaires ou l'un d'eux à titre onéreux, sauf à ce que ces derniers figurent parmi les exceptions ci-après.

II. LES EXCEPTIONS AU PRINCIPE : LES BIENS DEMEURANT PERSONNELS À CHAQUE PARTENAIRE

4. L'article 515-5-2 du Code civil énumère six catégories de biens exclus de l'indivision conventionnelle et qui demeurent la propriété exclusive de chaque partenaire, même s'ils sont des acquêts, puisqu'acquis après l'enregistrement de la convention. Ce sont les trois premières qui vont particulièrement nous intéresser ici.

1. Les deniers perçus par chacun des partenaires, à quelque titre que ce soit, postérieurement à la conclusion du pacte et non employés à l'acquisition d'un bien

5. Le dispositif vise « les deniers perçus par chaque partenaire à quelque titre que ce soit ». Cette définition semble extrêmement large et recouvrir toutes formes de sommes d'argent perçues par un partenaire. Elle concerne en

premier lieu l'ensemble des revenus professionnels. Il s'agit naturellement des « gains et salaires » tels que visés par l'article 223 du Code civil, mais aussi de l'ensemble des rémunérations des partenaires, tant périodiques qu'épisodiques, tant principales que substitutives ou complémentaires, tant en numéraire qu'en nature. Il s'agira également des bénéfices issus de l'exploitation d'une entreprise ou d'un fonds de commerce. On pensera ainsi aux revenus de l'influenceur ou de l'influenceuse. Il en ira de même de l'exploitation d'une œuvre de l'esprit ; on songera ici à certaines créations numériques, types de photographies ou montages, etc. De la même manière, sont appelés à demeurer personnels les revenus des biens personnels des partenaires, comme par exemple les actifs détenus par l'un d'eux au jour de l'enregistrement de ce régime.

6. Point essentiel, cette première catégorie d'exceptions se limite aux deniers « non employés à l'acquisition d'un bien ». Deux hypothèses sont donc à envisager. Dans la première hypothèse, ces revenus professionnels et ceux des biens personnels sont employés à l'acquisition d'un bien. Ce bien est alors réputé indivis entre les partenaires à concurrence de moitié chacun et ce sans recours, conformément à l'article 515-5-1 du Code civil. Dans la deuxième, ces revenus ne sont pas employés à l'acquisition d'un bien et demeurent alors personnels à celui qui les a perçus. On s'en rend compte immédiatement, la difficulté va être essentiellement pratique et résider dans la notion d'acquisition. De cette notion, va dépendre le sort des deniers perçus. Sans acquisition, ils seront personnels ; après acquisition, le bien acquis grâce à eux sera indivis. C'est donc la moitié de la valeur des deniers perçus qui est en jeu et qui est susceptible de migrer du patrimoine du partenaire les ayant perçus à celui de l'autre. C'est aussi le pouvoir de gestion sur ses biens qui est en cause, avec la règle de la cogestion en filigrane. L'ouvrage de référence définit l'acquisition comme le « fait (générique) de devenir propriétaire (d'une manière ou d'une autre) ; plus spécifiquement, opération par laquelle on le devient (achat, legs)[2] ». De manière générale, les difficultés vont principalement concerner le placement des gains et salaires. Il va falloir parvenir à délimiter la frontière entre thésaurisation et investissement.

7. Quant au patrimoine numérique, il apparaît donc que les revenus d'activités n'entreront pas en indivision : pensons ici à la rémunération d'un influenceur ou d'une influenceuse ou encore à la rémunération d'œuvres numériques de l'esprit n'appartenant qu'à un seul partenaire. Cette notion de deniers et de sommes d'argent évoque les « cryptomonnaies », type *token* ou bitcoins. Il ressort de cette journée que ces actifs ne sont pas des monnaies car elles n'ont pas de cours légal et qu'on ne peut acheter un bien de consommation au moyen d'elles. Certes, il y a un cours mais il en va de même pour une

2. G. Cornu, *Vocabulaire juridique*, Association Henri Capitant, PUF.

action, et c'est d'ailleurs ainsi que les appréhende le droit fiscal. La Banque de France évoque les cryptoactifs. Il s'agit donc bien d'acquêts et non de deniers, exclus de cette première exception et donc soumis au principe de l'indivision.

Au-delà du cas de ces « monnaies », cette première exception contribue à différencier de manière très nette l'indivision des acquêts de la communauté du même nom, dans laquelle l'ensemble de ces actifs seraient qualifiés de communs, en ce compris les revenus des influenceurs ou des œuvres de l'esprit, ainsi que ces cryptomonnaies.

2. Les biens créés et leurs accessoires

8. La qualification de cette catégorie contribue également à distinguer l'indivision des acquêts du régime matrimonial légal.

La logique est la suivante : si les biens créés relèvent de l'industrie d'un partenaire, ils doivent suivre le sort des revenus de son travail. La conception retenue conduit à voir dans la création d'un bien le fruit principal d'un travail. La limite tient toutefois à ce qu'elle n'est pas que cela : elle est aussi le fruit d'investissements financiers. C'est sur ce dernier point que la différenciation entre un fonds de commerce ou libéral créé ou acquis n'est pas totalement satisfaisante. Quant à la disposition relative aux accessoires des biens créés, celle-ci apparaît logique car l'accessoire suit en principe le principal. Ce qui l'est moins est de constater que seuls les accessoires des biens créés sont visés. Le sort des accessoires des autres biens n'est en revanche pas abordé.

9. Quant au patrimoine numérique, cela signifie que les logiciels et autres œuvres de l'esprit forment des biens personnels, de même que le fonds libéral créé par un influenceur.

Aucun texte ne prévoit la situation des biens créés en matière de communauté légale, mais il est admis que ceux-ci tombent en communauté en qualité de fruits de l'industrie des époux, sauf à ce qu'ils aient un caractère personnel particulier. Dans ce dernier cas, on distingue alors le titre et la finance. Entre partenaires, nul besoin d'une telle distinction : titre et finance demeurent personnels.

3. Les biens à caractère personnel

10. Il s'agit d'une référence à l'article 1404 du Code civil. Mais celle-ci est partielle. Si ce dernier vise également « les biens à caractère personnel », il fait aussi référence à « tous les droits attachés à la personne » et contient une énumération de biens en forme d'« inventaire à la Prévert » : « les vêtements et linges à l'usage personnel de l'un des époux, les actions en réparation d'un dommage corporel ou moral, les créances et pensions incessibles, et, plus généralement, tous les biens qui ont un caractère personnel et tous les droits exclusivement attachés à la personne », ainsi que « les instruments de travail nécessaires à la profession de l'un des époux, à moins qu'ils ne soient

l'accessoire d'un fonds de commerce ou d'une exploitation faisant partie de la communauté ». L'absence de transposition de cette liste s'explique certainement par la volonté de simplifier la rédaction du Pacs. Elle devrait toutefois servir de référence pour déterminer le caractère personnel d'un bien d'un partenaire.

11. Appliqué au patrimoine numérique, cela signifie que ce qui relèvera de l'identité numérique d'un partenaire (type profil et compte Facebook, photographies et vidéos personnelles, etc.) n'entrera pas en indivision, ce qui pour le coup le rapproche de la solution attendue en matière de communauté conjugale.

12. *Un laboratoire pour une prochaine réforme du droit des régimes matrimoniaux?* – L'accent est souvent mis sur le caractère moins communautaire de ce régime, par comparaison avec celui de la communauté légale. Si ce nouveau régime se distingue à certains égards de celui de la communauté légale, c'est certainement en raison de certaines lacunes. Mais cette différence relève aussi d'une volonté assumée de proposer une version communautaire plus moderne et adaptée à son époque. Il en est ainsi de l'exclusion de la communauté des revenus professionnels et des revenus des biens personnels qui retardent le temps de l'association patrimoniale. Désormais, la mise en commun intervient non pas lors de l'enrichissement, mais lors de l'investissement, ce qui correspond peut-être davantage à une époque dans laquelle les deux membres du couple revendiquent une indépendance qui passe notamment par la question financière.

Mais les époux sont-ils si différents des partenaires sur cette question? Le flux existant entre communauté et indivision des acquêts ne pourrait-il pas être un jour amené à s'inverser? En d'autres termes, après avoir été présentée, parfois trop rapidement, comme le simple fruit d'un « copier-coller » de la communauté entre époux, l'indivision des acquêts ne sera-t-elle pas amenée à lui servir de modèle?

En ce sens, on pourrait considérer le droit du Pacs comme un laboratoire et le Pacs lui-même comme un prototype. Il semble en avoir été ainsi en ce qui concerne le changement de régime de biens, mais aussi plus récemment le « divorce sans juge ».

13. *Les possibilités d'aménagement conventionnel de ce régime optionnel.* – La question qui se pose inévitablement, tant au théoricien qu'au praticien, est celle de l'aménagement conventionnel de ce régime de l'indivision des acquêts. Dès lors que ce régime a été bâti en considération des conventions matrimoniales, la tentation de s'inspirer de la liberté qui caractérise ces dernières apparaît naturelle. Différentes techniques pourraient en effet être envisagées, tant en ce qui concerne la répartition active et passive du patrimoine que ses modalités de partage et sa gestion. En ce qui concerne la composition active du patrimoine, sujet qui nous intéresse ici, la modification pourrait

opérer dans deux sens opposés. Il pourrait tout d'abord s'agir d'étendre la masse indivise des acquêts. Souvent, l'étude d'un tel aménagement aura pour objectif d'accentuer la protection du survivant du couple. Dans le sens opposé, on pourrait envisager de réduire la masse indivise des acquêts, en les limitant à certaines catégories de biens précisées ou, à l'inverse, en complétant la liste des biens demeurant personnels de l'article 515-5-2 du Code civil.

Plusieurs remarques peuvent être faites quant aux aménagements conventionnels du régime de l'indivision. D'une part, il faut garder à l'esprit que le Pacs peut être signé sous forme sous-seing privé (forme la plus fréquemment retenue). Les partenaires sont susceptibles de s'improviser juristes rédacteurs d'actes et de mettre en place des aménagements de ce type, mais avec une qualité rédactionnelle toute relative. Ce constat amplifie la nécessité d'un Pacs authentique fort. D'autre part, dans l'hypothèse où les partenaires feraient appel à un praticien à ces fins, il ne faut pas perdre de vue que ce dernier est tenu d'assurer une sécurité maximale à ces clients. Ne sera-t-il pas bien inspiré d'attendre les premières précisions législatives ou jurisprudentielles avant de proposer ou d'approuver ces adaptations, notamment en considération de l'avis doctrinal majoritaire et des acteurs de la réforme de 2006 évoquant « le choix entre deux menus », sans alternative?

Conclusion

Nous pouvons émettre l'hypothèse que ce début de siècle est précurseur d'une évolution profonde et annonciatrice des décennies à venir, reposant sur deux axes forts.

D'une part, au niveau économique, le développement d'un patrimoine numérique au sein des couples et des familles, lequel semble n'être qu'à ses prémices et devrait révolutionner bien des pratiques et des usages. Avec notamment l'accroissement de richesses moins lisibles et moins visibles des deux conjoints, et également moins aisément valorisables.

D'autre part, au niveau du droit patrimonial de la famille, une évolution vers une moindre mise en commun des richesses au sein du couple, via le maintien en force du Pacs et notamment du régime légal (estimé à 90 % des pactes conclus) mais aussi l'évolution présumée du régime de la communauté légale sur le modèle de l'indivision partenariale des acquêts, avec un caractère personnel ou propre conservé aux deniers et aux biens créés (biens créés qui semblent être appelés à être plus nombreux car plus facilement générés dans le monde numérique).

Souhaitons, pour terminer sur un clin d'œil, que les notaires résistent aux blockchains et autres avatars numériques et puissent accompagner les couples dans cette évolution qui nécessitera un suivi toujours plus ténu.

Actifs numériques et entreprises

THIERRY LEOBON
Maître de conférences en droit privé à l'Université de Limoges, membre du CREOP (UR 15561)

Le Code monétaire et financier ne connaît que deux types d'actifs numériques : les jetons et, même s'il ne les nomme pas ainsi, les cryptomonnaies. On suppose que ces actifs sont utiles aux entreprises et qu'ils le seront plus encore dans l'avenir. Mais, pour s'en assurer, encore faut-il savoir ce qu'ils sont.

1. Les jetons

Même si c'est dans une perspective bien spécifique, leur offre au public, l'article L. 552-2 du Code monétaire et financier donne une définition du jeton. Il s'agit, selon ce texte, de « tout bien incorporel représentant, sous forme numérique, un ou plusieurs droits pouvant être émis, inscrits, conservés ou transférés au moyen d'un dispositif d'enregistrement électronique partagé permettant d'identifier, directement ou indirectement, le propriétaire dudit bien ».

Si la loi affirme que les jetons sont des biens incorporels, reste entière la question de savoir en quoi consiste cette « représentation numérique de droits ». La question est d'autant plus complexe que la catégorie des jetons est hétéroclite, ouverte ou évolutive. En dépit de cette diversité, la pratique distingue trois catégories de jetons : les *« non fungible tokens » (NFT)*, les *« utility tokens »* et les *« security tokens*[1] *»*.

1re catégorie : les non fungible tokens (NFT) sont des jetons qui représentent des actifs, numériques ou non ; par exemple un tableau, un morceau de musique, un « tweet », un véhicule de luxe et même un immeuble[2]. Mais ce

1. J. Le Guen, « Tokénisation et cryptoactifs. Réalité plurielle et enjeux de qualification », *Cah. dr. entr.* n° 6, nov. 2021. Dossier 41, n° 2.
2. P. Bordais, « Finance décentralisée et NFT *(non fungible token)*. Deux nouvelles innovations de la blockchain », *RDBF* n° 6, nov.-déc. 2021. Étude 19, n° 28.

phénomène de tokenisation ne se limite pas aux biens ; les calculs rénaux d'un réalisateur connu ont été mis en vente récemment sous forme de *NFT*[3] ; le mystère s'épaissit.

Comme leur nom l'indique, ces jetons ne sont pas fongibles, c'est-à-dire interchangeables. Ils ne sont pas fongibles, non pas parce que l'actif sous-jacent ne l'est pas lui-même mais parce qu'ils sont identifiés sur une *blockchain* par un code propre (ils sont *mintés*). Il en résulte que si l'actif sous-jacent peut être copié, dupliqué ou même divisé, le *NFT* lui ne peut l'être ; encore une fois il est unique, identifié, comme son titulaire d'ailleurs, sur une *blockchain*. C'est là bien sûr l'intérêt de ce type de *token* qui peut faire l'objet de collection, de transactions et de spéculations.

Un amendement au projet de loi de finances pour 2022, finalement retiré, donnait une définition du *NFT* calquée sur celle que l'article L. 552-2 du Code monétaire et financier donne du jeton. Selon cet amendement, « un jeton non-fongible est considéré [...] comme tout bien incorporel et non fongible représentant, sous forme numérique, un ou plusieurs droits pouvant être émis, inscrits, conservés ou transférés au moyen d'un dispositif d'enregistrement électronique partagé permettant d'identifier, directement ou indirectement, le propriétaire dudit bien[4] ».

Mais une réponse ministérielle donne une autre définition du *NFT*. Il serait « un certificat de propriété et d'authenticité numérique, émis et géré sur une chaîne de blocs ("blockchain"), auquel peut être associé un objet virtuel ou physique. Il peut ainsi porter sur une création numérique unique ou constituer une version "tokenisée" de créations préexistantes, quel qu'en soit le genre[5] ».

Le doute subsiste et sans prétendre à l'exhaustivité, il nous semble possible de proposer trois conceptions du *NFT* :

On peut d'abord considérer que le *NFT* est une représentation, comme le serait une photographie ou une gravure numérotée. C'est donc comme si le bien sous-jacent avait donné naissance à d'autres biens (les *NFT*)[6]. Dès lors, la valeur des *NFT* peut se décorréler de celle de leur sous-jacent et donner lieu à spéculation. Le titulaire du *NFT* n'aurait alors aucun droit sur l'actif sous-jacent. On pourrait parler à leur sujet de *« jeton-reproduction »*.

On peut ensuite considérer que le *NFT* n'est qu'un titre ou un certificat d'authenticité dépourvu de valeur propre[7]. Un *NFT* peut par exemple servir à garantir l'authenticité d'un produit de marque et limiter ainsi le risque de

3. [https://www.lefigaro.fr/culture/david-cronenberg-presente-ses-calculs-renaux-comme-un-projet-artistique-en-nft-20220324]
4. Amendement n° I-CF879 déposé le 30 sept. 2021.
5. Rép. min QE n° 44163, *JOAN* Q, 10 mai 2022, p. 3141.
6. N. Martial-Braz, « Les NFT aux prises avec le droit des biens : essai d'une qualification », *RDBF* n° 4, juill. 2022. Dossier 31, n° 6. En ce sens également, J. Sénéchal, « La qualification des "droits" de "l'acquéreur" du NFT. Le NFT aux prises avec le droit des contrats et le droit de la consommation », *RDBF* n° 4, juill. 2022. Dossier 33, n° 8.
7. En ce sens, v. W. Dross, « Jetons non fongibles (JNF) et droit des biens », *RLDI* n° 206, 1er août 2023.

contrefaçon[8]. Dans ce cas, le *NFT* n'aurait « pas de véritable "existence" juridique autre que probatoire[9] ». Il y aurait dans ce cas non pas deux biens mais un seul : le sous-jacent. Dépourvu de valeur et n'étant pas un bien, le jeton ne serait qu'un simple code/moyen d'identification ou de suivi. On pourrait parler à leur sujet de *« jeton-certificat »*. Mais les faits semblent démontrer qu'un *NFT* peut-être bien plus qu'un simple certificat propriété ou d'authenticité ; certains *NFT* atteignent des prix élevés[10].

On peut enfin considérer que la *tokenisation* opère la conversion ou la numérisation des droits sur le sous-jacent. Autrement dit, le *NFT* serait la représentation numérique d'un droit ou d'une quote-part de droit sur un bien sous-jacent. On pourrait alors parler de *« jeton-droit »*. Envisagés de la sorte, ces jetons non fongibles pourraient servir à l'activité d'une entreprise ou à son financement, en étant donnés en garantie.

Pour certains auteurs, une telle transmutation ne pourrait être admise qu'à la condition d'une intervention du législateur[11]. Pour d'autres, elle serait possible[12].

La difficulté, tient à ce que ces trois analyses du *NFT* se concrétisent en pratique et pour savoir en quoi consiste le droit représenté par le *NFT*, encore faudrait-il que l'on sache ce que l'émetteur de jeton a pu et voulu véritablement concéder : le sous-jacent n'est pas tout, les droits conférés par le jeton sont tout aussi importants.

2e catégorie : les utility tokens, ou jetons d'usage, représentent pour leur détenteur le droit d'accéder aux services ou produits de l'émetteur à un prix avantageux ou de façon prioritaire. Il peut par exemple s'agir de temps de production, de puissance de calcul ou d'une capacité de stockage de données... Les perspectives ouvertes par ces jetons pour les entreprises sont nombreuses, que celles-ci les émettent ou les acquièrent. Ces jetons peuvent aussi être échangés sur un marché secondaire.

Indépendamment de la diversité des droits qu'ils confèrent, ces *utility tokens* représentent un droit de créance. Cette créance sous-jacente semble même en fait se fondre dans sa représentation numérique, c'est-à-dire le jeton.

---

8. M. Torelli et G. Haas, « *Non Fungible Tokens* (NFT) : un outil efficace de protection des marques », *RLDA* n° 175, 1er nov. 2021.
9. N. Martial-Braz, art. préc., n° 8.
10. En ce sens, D. Legeais, « Les NFT sont-ils des actifs numériques ? », *RDBF* n° 4, juill. 2022. Dossier 32, n° 6.
11. N. Martial-Braz, art. préc., n° 8 ; D. Legeais, art. préc. nos 8 et 9.
12. À propos de biens immobiliers, T. Verbiest et D. Richebourg, « La "tokenisation" des actifs immobiliers », *AJDI* 2019. 423. Selon ces auteurs, « il est tout à fait envisageable de tokeniser la propriété d'un bien immobilier ou une fraction de celle-ci. Ainsi, la valeur totale du jeton consisterait en une représentation de la valeur totale du bien... ». Ces auteurs concèdent néanmoins qu'« en France, tokeniser un tel droit réel se révèle en réalité beaucoup plus complexe avec le système administratif d'inscription sur cadastre et la nécessaire intervention d'un notaire » ; V. également D. Legeais, *J.-Cl. Com.*, fasc. 535, V° « Actifs numériques et prestataires sur actifs numériques », nos 37 s.

3e catégorie : les security tokens sont des jetons représentant des droits politiques et/ou financiers sur leur émetteur. La loi les assimile à des instruments financiers (titres et contrats financiers), quand ils en présentent les caractères.

Mais, même dans ce cas, les *security tokens* ne sont pas en eux-mêmes des titres financiers, mais « des jetons digitaux reproduisant contractuellement les droits financiers, voire les droits politiques d'un titre financier[13] ». Ces jetons doivent donc être distingués de véritables titres financiers inscrits sur une *blockchain*.

L'autre catégorie d'actifs numériques reconnue par la loi est celle des monnaies numériques ou cryptomonnaies.

2. Les monnaies numériques ou cryptomonnaies[14]

Bien qu'elle puisse paraître artificielle, la distinction entre jetons et cryptomonnaies est légale (C. mon. fin., art. L. 54-10-1) et nous paraît fondée car il n'y a pas réellement d'actif sous-jacent à l'origine de la création de ces monnaies numériques, y compris lorsqu'elles sont adossées à des monnaies officielles (certains *stable coins*), car il ne s'agit alors que de convertibilité.

Par ailleurs, les cryptomonnaies ne représentent pas une créance et ne doivent par conséquent pas être confondues avec la « monnaie électronique » qui est une valeur monétaire, stockée sous une forme électronique ou magnétique, représentant une créance sur l'émetteur émise contre la remise de fonds aux fins d'opérations de paiement (C. mon. fin., art. L. 315-1).

La plus connue et la plus ancienne de ces monnaies numériques est le bitcoin (BTC) mais il en existe bien d'autres comme l'éther (ETH). Elles sont émises par des plateformes, des entreprises et même des États[15]. L'achat et la revente de ces cryptomonnaies s'effectuent en dehors de tout marché officiel, sur des plateformes privées. Il en résulte une cotation non officielle.

Les cryptomonnaies présentent bien des points communs avec les monnaies classiques. Elles ont une valeur conditionnée par leur utilité, leur rareté[16] et la confiance qu'elles inspirent. En dépit de leur volatilité, elles servent de moyen d'échange ou de paiement, d'unité de compte et de valeur de réserve. Certains États ont d'ailleurs reconnu le bitcoin comme monnaie d'échange légale[17].

Ces monnaies virtuelles se différencient cependant des monnaies classiques par leurs modes d'émission et de circulation purement privés ; lesquels reposent essentiellement sur un dispositif de type *blockchain*. Elles se différencient également des monnaies officielles par l'absence de cours légal, ce qui signifie qu'il est possible de refuser un paiement au moyen de celles-ci.

---

13. P. Pailler, « La distinction des tokens et des titres financiers », *RDBF* n° 3, mai 2020. Dossier 10.
14. G. Marain, « Le *bitcoin* à l'épreuve de la monnaie », *AJ contrat* 2017. 522.
15. Comme le yuan numérique créé par la Chine.
16. Seulement 21 millions de bitcoins seront créés d'ici 2140 et nul ne peut nier leur utilité.
17. C'est le cas du Salvador et de la République centrafricaine.

Prudemment, le 2° de l'article L. 54-10-1 du Code monétaire et financier n'emploie pas l'expression de cryptomonnaie ou de monnaie numérique, il les désigne comme « toute représentation numérique d'une valeur qui n'est pas émise ou garantie par une banque centrale ou par une autorité publique, qui n'est pas nécessairement attachée à une monnaie ayant cours légal et qui ne possède pas le statut juridique d'une monnaie, mais qui est acceptée par des personnes physiques ou morales comme un moyen d'échange et qui peut être transférée, stockée ou échangée électroniquement ».

Certes, et contrairement aux jetons, la loi ne qualifie pas expressément les cryptomonnaies de biens incorporels. Elle les qualifie seulement de « représentation numérique d'une valeur » (C. mon. fin., art. L. 54-10, 2°). Mais la cryptomonnaie n'en demeure pas moins une sous-catégorie d'actifs numériques dont on ne voit pourquoi elle serait exclue de la catégorie des biens. La qualification de biens meubles incorporels des bitcoins a d'ailleurs été reconnue en matière fiscale par le Conseil d'État[18].

On le voit, ces actifs numériques, jetons et cryptomonnaies, sont divers et leur consistante est parfois incertaine. Quoi qu'il en soit et quels qu'ils soient, ces actifs numériques sont autant de ressources pour une entreprise, qu'elle les reçoive (I) ou qu'elle les émette (II).

I. LA RÉCEPTION D'ACTIFS NUMÉRIQUES

Les actifs numériques qui viennent d'être évoqués peuvent servir au fonctionnement comme au financement d'une société. Ils peuvent lui être apportés ou, tout simplement, être mis à sa disposition.

A. L'APPORT D'ACTIFS NUMÉRIQUES

L'apport en société d'actifs numériques peut intervenir lors de la constitution d'une société ou à l'occasion d'une augmentation de capital. En contrepartie de son apport, l'apporteur d'actifs numériques reçoit des droits sociaux ordinaires. Mais, la nature des actifs numériques apportés a-t-elle une incidence sur le type d'apport en société ?

1. La qualification d'apport en nature

Reprenons les catégories d'actifs numériques définies en introduction : jetons et cryptomonnaies.

– *L'apport de jetons*

Les *NFT* et *security tokens* étant des biens incorporels et n'étant pas de l'argent, leur apport en société ne peut qu'être qualifié d'apport en nature. Il en va de

18. CE 26 avr. 2018, n° 417809.

même des *utilty tokens* car, même s'ils servent au paiement de services et peuvent être échangés, il paraît là aussi difficile de les qualifier d'argent ou de monnaie.

Le régime fiscal des apports en nature de *NFT* et d'*utility tokens* ne présente aucune originalité. Celui de l'apport de *security tokens* est plus incertain, lorsque ceux-ci sont assimilés à des titres de capital. Mais en l'absence de disposition expresse et parce que ces actifs ne sont pas de véritables droits sociaux, le régime du sursis ou du report ne paraît pas applicable à leur apport.

- *L'apport de cryptomonnaies*

L'apport de cryptomonnaies est-il un apport en numéraire? La question se pose dans la mesure où la loi ne définit que très sommairement ce type d'apport; l'article 1844 du Code civil se bornant à le décrire comme étant l'apport d'une « somme ».

Certes, certains arguments militent en faveur de la qualification d'apport en numéraire mais l'espoir de réaliser un tel apport en employant des bitcoins ou autres éthers restera un espoir déçu pour deux raisons. D'une part, les monnaies numériques ne possèdent pas le statut juridique de monnaie (C. mon. fin., art. L. 54-10-1, 2°). D'autre part, l'article 1343-3 du Code civil oblige la personne qui s'est engagée à libérer un apport en argent à exécuter sa prestation en euros et non en cryptomonnaie. Bref, la qualification d'apport en nature doit ici aussi être retenue.

2. Les droits conférés à l'apporteur d'actifs numériques

Les apports en nature participent à la formation du capital et donnent lieu à l'attribution de parts sociales ou d'actions. La question n'est donc pas celle de la nature des droits conférés à l'apporteur mais celle de la valeur des actifs apportés. Cette valeur aura une incidence sur la répartition des droits des associés dans la société et, dans une moindre mesure, sur le gage des créanciers sociaux.

La question de la valeur des actifs numériques apportés n'est pas seulement comptable[19]; elle emporte aussi des conséquences juridiques importantes. D'abord, parce que l'apport d'un actif numérique dépourvu de valeur est constitutif d'un apport fictif[20]. Ensuite, parce que « le fait, pour toute personne, de faire attribuer frauduleusement à un apport en nature une évaluation supérieure à sa valeur réelle » est sanctionné pénalement dans les sociétés à responsabilité limitée[21]. Enfin, car dans les sociétés à responsabilité limitée, un apport en nature déclenche en principe l'intervention d'un commissaire aux apports[22].

19. R. Sochon, « La révolution technologique du bitcoin et des ICO : un casse-tête pour les commissaires aux comptes », *LPA* 31 janv. 2018, p. 4.

20. G. Goffaux-Callebaut, *Rép. sociétés Dalloz*, V° « Apport », n°s 99 s.

21. C. com., art. L. 241-3, 1°, pour les SARL et L. 242-2, 4°, pour les SA et L. 244-1 pour les SAS.

22. C. com., art. L. 223-9, pour la SARL, L. 225-14, pour la SA et la SAS (sur renvoi de l'art. L. 227-1).

Il est sans doute plus aisé de donner une valeur aux cryptomonnaies qu'aux autres actifs numériques. Les cryptomonnaies font l'objet de « cotations » sur des plateformes d'échange et en dépit des écarts de valeurs qui peuvent exister sur celles-ci, ces cotations non officielles permettent de se faire une idée, à un instant donné, de la valeur de telle ou telle cryptomonnaie. L'évaluation des autres actifs numériques est plus délicate et implique sans doute une évaluation des droits conférés sur les actifs sous-jacents.

B. LE PRÊT D'ACTIFS NUMÉRIQUES

La mise à disposition d'actifs numériques résulte d'une convention dont la nature juridique dépend avant tout de leur consomptibilité.

- La qualification de prêt à usage ou de bail

Le prêt ou la location de jetons n'est pas une pratique très répandue mais celle-ci pourrait se développer ; imaginons la mise à disposition de jetons dont le sous-jacent serait un local commercial, un fonds de commerce ou un brevet.

La qualification de prêt à usage ou de bail ne pose guère de difficulté lorsqu'il s'agit de mettre à disposition de la société des *NFT* car ces jetons ne sont pas consomptibles. Cette mise à disposition est constitutive soit d'un prêt à usage, si elle intervient à titre gratuit, soit d'un bail, si un loyer est convenu.

Cela étant dit, la question est de savoir si les règles impératives applicables à certaines mises à disposition doivent être transposées au bail de *NFT*. On pense immédiatement au statut des baux commerciaux, aux règles de la location-gérance ou des licences de marques ou de brevets. La réponse dépend à notre avis des droits représentés par le *NFT*. Si ces droits s'exercent directement sur le bien sous-jacent, ces règles impératives doivent être respectées.

Le raisonnement suivi pour les *NFT* est transposable à tout jeton non consomptible et donc aux *security tokens*. On peut considérer que ce ne sera pas le cas pour les jetons de services *(utility tokens)* qui se consomment lors de leur utilisation.

- Le prêt de cryptomonnaies

Le prêt de cryptomonnaie pose deux difficultés : celle de sa qualification de prêt de consommation et, dans l'affirmative, celle de sa qualification de prêt d'argent qui n'en est qu'une variante.

Un prêt de consommation

Un jugement du tribunal de commerce de Nanterre du 26 février 2020[23] opte clairement pour la qualification de prêt de consommation. Le litige

23. T. com. Nanterre, 26 févr. 2020, n° 2018F00466 ; M. Julienne, « Actifs numériques. Le régime civil des actifs numériques : l'exemple du prêt de Bitcoins », *JCP E* 2020, n° 19, 1201 ; D. Legeais, « Observations sur la décision du tribunal de commerce de Nanterre du 26 février 2020 », *RDBF* mai 2020. Étude 7.

opposait une société anglaise, spécialisée dans le conseil financier, à une société française qui exploitait une plateforme d'échange de *bitcoins*.

Entre 2014 et 2016, la plateforme française avait consenti trois prêts de bitcoins à la société anglaise pour un total de 1 000 *bitcoins*, au taux d'intérêt de 5 % l'an, également payables en *bitcoins*.

Le 1er août 2017, le réseau Bitcoin fit l'objet d'un *fork* (une bifurcation) donnant naissance à une nouvelle cryptomonnaie, le *bitcoin cash*. La société anglaise reçut à cette occasion 1 000 *bitcoins cash* au titre des *bitcoins* empruntés.

Pour le prêteur ces 1 000 *bitcoins cash* étaient des fruits et devaient donc lui revenir. Abstraction faite de la qualification (discutable) de fruits, la clé du litige dépendait de la qualification du prêt et donc de la nature des *bitcoins*.

Si les *bitcoins* devaient être considérés comme des biens consomptibles, la qualification de prêt de consommation s'imposait et l'emprunteur devenait propriétaire des bitcoins empruntés comme et surtout des « fruits » procurés par ceux-ci (les *bitcoins cash*).

C'est cette qualification que le tribunal de commerce retient : « le *bitcoin* étant fongible et consomptible, la qualification juridique des 3 contrats de prêt [...] est donc bien celle de prêt de consommation ». Il se justifie en indiquant que « le Bitcoin est "consommé" lors de son utilisation, [...], tout comme la monnaie légale, quand bien même il n'en est pas une; que le BTC est donc consomptible de par son usage ».

La juridiction consulaire en conclut qu'« étant devenue propriétaire des bitcoins prêtés » la société emprunteuse « était légitime à en percevoir les "fruits" en l'espèce les bitcoins cash attribués suite au "fork" du 1er août 2017 ».

Si certains auteurs doutent de la fongibilité des *bitcoins* au motif de leur « traçabilité » sur la *blockchain*[24], la doctrine majoritaire considère que l'argument n'est pas recevable parce qu'il y a, pour reprendre les mots d'un auteur, « plus qu'une nuance entre la traçabilité [...] et l'individualisation qui caractérise un corps certain »[25].

Un prêt d'argent?

La cryptomonnaie ne possédant pas « le statut juridique d'une monnaie » (C. mon. fin., art. L. 54-10-1, 2°), on ne peut qualifier le prêt de cryptomonnaie de « prêt d'argent ».

Le rejet de cette qualification emporte des conséquences considérables par l'éviction des règles impératives du prêt d'argent. Au demeurant, ces conséquences doivent être reconsidérées lorsque le prêt de cryptomonnaies fait office de compte courant d'associé, lequel obéit à des règles dérogatoires, nettement plus souples.

---

24. P. Théry, « La propriété monétaire numérique : les bitcoins », in *Le droit civil à l'ère numérique*, *JCP* hors-série, déc. 2017, p. 40, n° 8 ; M. Roussille, « Le Bitcoin : objet juridique non identifié », *Banque et droit* 2015, n° 159, p. 27, spéc. II, 1.2.
25. M. Julienne, art. préc.

II. L'ÉMISSION D'ACTIFS NUMÉRIQUES

Reprenons la distinction faite par l'article L. 54-10-1 du Code monétaire et financier entre jetons non assimilés et jetons assimilés à des instruments financiers.

A. L'ÉMISSION DE JETONS NON ASSIMILÉS À DES INSTRUMENTS FINANCIERS

L'émission de jetons, qui peut être le fait de toute entreprise, n'est pas spécifiquement encadrée par la loi. L'opération n'est donc en principe soumise qu'au respect du droit des contrats et le cas échéant du droit de la consommation. Des règles supplétives sont néanmoins prévues pour certaines offres au public de jetons.

- *Initial coin offering*

Une offre au public de jetons, ou *initial coin offering (ICO)*[26], consiste, selon l'article L. 552-3 du Code monétaire et financier, à « proposer au public, sous quelque forme que ce soit, de souscrire à ces jetons ». Cependant, seuls des jetons ne présentant pas les caractères d'instruments financiers *(security tokens)* peuvent être émis par voie d'*ICO*[27].

Il s'agit plus concrètement d'une « opération de levée de fonds effectuée au moyen d'un dispositif d'enregistrement électronique partagé (DEEP) ou "blockchain" qui donne lieu à une émission de jetons ("token") pouvant être ensuite, selon les cas, utilisés pour obtenir des produits ou services[28] ».

Une offre au public de jetons débute en pratique par l'établissement d'un livre blanc *(white paper)* dans lequel l'émetteur de jetons se présente et présente aux investisseurs son projet, les modalités de son financement, les droits attachés aux jetons et leur prix ainsi que le montant escompté de la levée de fonds. La levée de fonds peut ensuite être effectuée sur des plateformes dédiées. Si ce montant prévu de la levée de fonds n'est pas atteint, l'*ICO* aura échoué et les fonds levés seront remboursés aux souscripteurs.

L'imprécision des droits attachés aux jetons émis constitue la principale faiblesse du procédé[29]. Mais celle-ci peut être corrigée dans certains cas par l'obtention d'un visa de l'Autorité des marchés financiers.

---

26. L'acronyme (trompeur) s'inspire d'un autre acronyme, celui d'*IPO (« initial public offering »)* qui désigne une offre au public de titres financiers.
27. L'*ICO* doit être distinguée du *crowdfunding* qui ne vise qu'à mettre en relation entreprises et investisseurs via une plateforme (et non une *blockchain*). Les investisseurs acquièrent par ce biais soit une participation dans le capital *(crowdequity)* soit une simple créance *(crowdlending)* mais n'acquièrent pas de jetons.
28. Le *Lamy droit du financement*, n° 5650.
29. H. de Vauplane, « La levée de fonds en actifs numériques », *RDBF* n° 3, mai 2019. Étude 8, n° 9.

- *Visa facultatif de l'AMF*

Le Code monétaire et financier ne définit l'offre au public de jetons que dans le but de permettre la délivrance d'un visa par l'Autorité des marchés financiers[30].

Ce visa ne peut être sollicité que par des émetteurs personnes morales établies ou immatriculées en France, pour des offres ouvertes à au moins 150 souscripteurs et pour une durée n'excédant pas six mois. Les conditions que le Code monétaire et financier pose pour bénéficier de ce visa sont précisées par le règlement général de l'AMF[31].

Avant que l'offre ne débute, l'AMF s'assure des moyens mis en place par l'émetteur pour permettre le suivi et la sauvegarde des fonds recueillis. Elle s'assure également que l'information délivrée aux potentiels souscripteurs est exacte, complète et non trompeuse. La non-conformité de l'offre est sanctionnée par le retrait temporaire ou définitif du visa.

Si ce visa n'est pas obligatoire, il est un gage de sécurité pour les souscripteurs. Il permet également à l'émetteur de démarcher des investisseurs et d'obtenir l'ouverture d'un compte destiné à recueillir leurs fonds (souvent des cryptomonnaies).

B. L'ÉMISSION DE JETONS ASSIMILÉS À DES TITRES FINANCIERS

- *« Faux jetons » et vrais titres financiers*

Certains actifs peuvent être inscrits sur une *blockchain* sans pour autant constituer des jetons. Ainsi, l'article L. 211-3 du Code monétaire et financier dispose que « les titres financiers, émis en territoire français et soumis à la législation française, sont inscrits soit dans un compte-titres [...], soit [...] dans un dispositif d'enregistrement électronique partagé ». Le sixième alinéa de l'article L. 228-1 du Code de commerce reprend cette affirmation à propos des valeurs mobilières.

Ces dispositifs d'enregistrement se révèlent particulièrement utiles en pratique en raison de leur fiabilité et de leur fonctionnement rapide et autonome. Il n'en demeure pas moins que les titres inscrits sur une *blockchain* ne sont pas des jetons mais des titres financiers classiques.

- *Jetons assimilés aux titres financiers*

Les *securitiy tokens* confèrent des droits politiques ou des droits financiers contre leur émetteur. Lorsqu'ils sont assimilés à des titres financiers (actions ou obligations), parce qu'ils en ont les caractères, les *security tokens* ne

30. C. mon. fin., art. L. 552-1 à L. 552-7, issus de la loi n° 2019-486 du 22 mai 2019, dite loi Pacte (art. 85).
31. AMF, règl. gén., art. 711-1 s.

peuvent pas être offerts au public selon la procédure déjà évoquée de l'*ICO*. Ils doivent faire l'objet d'une *security tokens offering (STO)*.

L'offre au public de *security tokens* est soumise *mutatis mutandis* à la règlementation des offres au public de titres financiers ; ce qui peut s'avérer contraignant mais sécurisant (C. mon. fin., art. L. 411-1 s).

Les caractères des instruments financiers et plus particulièrement des titres financiers ne sont pas définis par la loi. La doctrine leur reconnaît néanmoins trois caractères : ils confèrent un droit à l'encontre de l'émetteur (droit de capital ou de créance) ; ils sont inscrits en compte et sont négociables, c'est-à-dire transmissibles par virement de compte à compte.

La difficulté est donc de savoir quand un *security token* présente les caractères d'un titre financier et force est de constater que l'exercice est assez périlleux. D'une part, parce que les droits conférés par ces jetons sont variés et, d'autre part, parce que la catégorie des titres financiers est relativement souple[32].

Bien entendu, certaines sociétés ne peuvent offrir leurs titres au public et donc procéder à une *STO*. On pense en particulier aux SAS (C. com. art. L. 227-2). Mais cela signifie-t-il que ces sociétés ne peuvent émettre de *security tokens*.

La question revient donc de façon lancinante. Peut-on tout *tokeniser* ? Peut-on émettre des jetons sur des parts de sociétés ou des actions ?

Tout dépend là encore de ce qu'est un jeton. S'il n'est pas un code alphanumérique substitué à une part ou à une action, mais seulement la reproduction contractuelle des droits politiques et/ou pécuniaire[33] attachés à ces droits sociaux, la *tokenisation* semble possible.

On peut néanmoins s'interroger sur l'étendue de cette « reproduction contractuelle ». Celle-ci peut-elle porter sur l'ensemble des droits politiques et pécuniaires attachés à un titre et faire ainsi du propriétaire de jeton un pseudo-associé ? Cette possibilité nous paraît plus que douteuse, tout au moins dans les sociétés de personnes.

* *
*

Pour conclure, les actifs numériques et les opérations dont ils peuvent faire l'objet ne bouleversent pas les catégories juridiques fondamentales du droit des biens et du droit des contrats. Le phénomène de *tokenisation* se heurte en revanche aux limites des sous-catégories juridiques et pose la question de leur appréhension, non par le droit commun, mais par un droit spécial, à peine balbutiant.

32. P. Pailler, art. préc., n° 3.
33. Comme la convention de croupier qui emporte cession des droits d'un associé sur les bénéfices de la société.

La perturbation des règles de gestion du régime légal en présence d'actifs numériques

NADÈGE MOULIGNER-BAUD
Maître de conférences en droit privé,
Université de Limoges, membre du CREOP (UR 15561)

Introduction

Rencontre discordante entre les classiques règles de gestion du régime légal et les atypiques actifs numériques. – Qu'on les considère comme des produits purement spéculatifs à l'avenir incertain ou les socles patrimoniaux d'une nouvelle économie en gestation, les actifs numériques ne laissent jamais indifférent et suscitent un intérêt grandissant chez les Français. Or, sachant que bon nombre d'entre eux sont mariés, et qu'ils le sont généralement sans contrat de mariage préalable, la présence d'actifs numériques dans la composition du patrimoine d'époux soumis au régime légal de la communauté de biens n'est plus une hypothèse d'école[1]. Ce phénomène pose, en particulier, une question de pouvoirs. Comment ces biens si particuliers doivent-ils être gérés? Les règles habituellement prévues par le droit des régimes matrimoniaux sont-elles adaptées aux actifs numériques? Rien n'est moins sûr tant le choc de cette rencontre est frontal. Les règles de gestion du régime légal des époux communs en biens, dispositif traditionnel

---

1. Il peut même désormais se révéler utile pour le praticien de réaliser un inventaire de ce patrimoine numérique : C. Pommier, A. Cazalet et V. Mamelli, « Mariage, divorce, succession : chaque étape de la vie nécessite un bilan patrimonial numérique », *Dr. fam.* 2021, n° 18.

et équilibré, parait s'opposer en effet en tout point aux actifs numériques, biens innovants et originaux.

Antagonisme chronologique. – Pour l'essentiel, les règles actuelles de gestion du régime légal ont été mises en place par la réforme des régimes matrimoniaux du 23 décembre 1985. À cette époque, parmi les biens les plus innovants et futuristes que les époux avaient à gérer, on pouvait sans doute trouver un walkman, un caméscope à cassette ou encore une imposante console de jeux vidéo, pas des Bitcoins, des Ethers ! En effet, les actifs numériques sont quant à eux apparus il y a moins de 20 ans et leur encadrement juridique est sans doute encore loin d'être achevé[2]. Il n'y a donc rien d'étonnant au fait qu'aucune des règles de gestion du droit des régimes matrimoniaux n'envisage expressément les actifs numériques.

Antagonisme conceptuel. – Le principe fondamental qui sous-tend les règles de gestion des biens de la communauté est la volonté d'assurer à chacun des époux des pouvoirs équivalents. Cette égalité de gestion est le fruit d'une longue évolution[3], achevée avec la loi du 23 décembre 1985, visant à accorder à la femme mariée autant de pouvoirs sur les biens communs qu'à son époux. L'objectif est de garantir à chacun une possibilité d'action et parfois même d'encourager la collaboration conjugale. Ces préoccupations sont totalement étrangères au monde numérique, régi par des impératifs de sécurité, d'efficacité et de rapidité. Pour ce faire, les technologies utilisées offrent généralement à un utilisateur unique le monopole de la maîtrise des actifs numériques. Dans ce système de gestion autonome et exclusive, le conjoint est toujours ignoré, et souvent, de fait, exclu.

C'est la raison pour laquelle les règles de gestion du régime légal sont fortement perturbées en présence de ces biens si particuliers que sont les actifs numériques. Ces dérèglements touchent aussi bien le principe de gestion posé par la loi (I) que les modes de pouvoirs dérogatoires exceptionnellement mis en place (II).

2. Sur la règlementation des actifs numériques, v. A. Aranda Vasquez, « Bilan sur le régime encadrant le secteur des actifs numériques mis en place par la loi Pacte », *BJB* nov.-déc. 2022. 6 ; M. Julienne, « Les actifs numériques, entre droit et technologie », *BJB* 2020. 64 ; D. Legeais, « L'avènement d'une nouvelle catégorie de biens : les actifs numériques », *RTD com.* 2019. 191.

3. Pour un rappel de cette évolution, v. J. Flour et G. Champenois, *Les régimes matrimoniaux*, 2e éd., A. Colin, 2001 nos 346 s. ; P. Malaurie et L. Aynès, *Droit des régimes matrimoniaux*, 7e éd., LGDJ, 2019 nos 409 s. ; F. Terré et P. Simler, *Régimes matrimoniaux*, 8e éd., Dalloz, 2019, no 444 s. ; P. Voirin et G. Goubeaux, *Droit civil. t. 2. Régimes matrimoniaux, successions, libéralités*, 32e éd., LGDJ, 2022, no 128.

I. LA PERTURBATION DU PRINCIPE DE GESTION CONCURRENTE DES BIENS COMMUNS

Chacun des époux est titulaire d'un pouvoir de principe concernant l'administration des biens communs.

Cette gestion, dite concurrente, est toutefois très difficile à garantir en présence d'actifs numériques (A). De surcroit, il semble que les correctifs traditionnellement prévus pour de telles perturbations soient peu adaptés face au particularisme de ces biens (B).

A. LA DIFFICULTÉ PRATIQUE POUR GARANTIR UN POUVOIR DE GESTION CONCURRENT ET ÉGALITAIRE DES ÉPOUX SUR LES ACTIFS NUMÉRIQUES

Principe d'égalité et d'autonomie des époux dans la gestion des biens communs. – L'article 1421 du Code civil pose en principe que « chacun des époux a le pouvoir d'administrer seul les biens communs et d'en disposer ».

Ce texte accorde donc en règle générale à chacun des époux un pouvoir individuel et égalitaire pour la gestion des biens communs, ce qui inclut à la fois la faculté de les administrer et celle d'en disposer.

Application théorique du principe à la gestion des actifs numériques. – De prime abord, rien n'interdit l'application de cette règle de pouvoirs concurrents aux actifs numériques si ces derniers sont qualifiés de communs. Cela signifie qu'en théorie les deux conjoints sont dotés des mêmes facultés d'action sur ces biens. Prenons l'exemple de cryptomonnaies communes : normalement, l'un ou l'autre des époux peut les déplacer, les céder en contrepartie de monnaie ayant cours légal, les échanger contre un bien ou un service, et même, pourquoi pas, les prêter[4]...

Risque faible de conflits de gestion sur les actifs numériques communs. – On pourrait craindre que cette règle de concurrence dans les pouvoirs de gestion de chacun des époux ne débouche fréquemment en pratique sur des actes incompatibles et contradictoires, fruits d'initiatives non concertées des époux. Par exemple, deux époux qui cèderaient les mêmes cryptomonnaies.

Il est toutefois permis de relativiser ce risque pour des raisons à la fois juridiques et techniques. D'une part, en effet, le mécanisme légal lui-même le réduit fortement en instituant une règle d'antériorité. Ainsi, le premier qui agit sur les biens communs impose sa volonté à l'autre. L'acte chronologiquement

4. V. M. Julienne, « Le régime civil des actifs numériques : l'exemple du prêt de Bitcoins », *JCP E* 2020. 1201.

antérieur l'emportera et sera pleinement opposable au conjoint comme le prévoit expressément l'article 1421 du Code civil. L'absence de contentieux en la matière[5], tout type de biens confondus, permet de confirmer qu'en pratique ce risque de conflit n'est que négligeable.

D'autre part, cela est d'autant plus vrai avec l'utilisation des technologies perfectionnées liées aux actifs numériques qui rendent précisément techniquement fortement improbable le risque de duplication d'opération[6]. Par exemple, à supposer que des époux envoient l'un et l'autre sur le réseau l'ordre de vente de cryptomonnaies, même si ces deux actions sont réalisées quasiment simultanément, seule la première transaction sera traitée et la seconde, reconnue irrégulière, inévitablement rejetée.

En réalité, le risque de perturbation n'est pas tant celui du conflit de pouvoirs entre époux que celui de l'exclusion de fait de l'un d'entre eux.

Risque important d'exclusion d'un des époux de la gestion du patrimoine numérique commun. – Les auteurs[7] s'accordent à penser qu'en présence d'actifs numériques communs, la règle de gestion concurrente se transformera le plus souvent en gestion exclusive de fait au bénéfice d'un seul des époux, et donc au détriment de l'autre. Ce danger de privation de pouvoirs est lié à la fois aux caractéristiques technologiques des biens concernés, et aux éventuelles disparités de compétences individuelles au sein du couple.

Contraintes technologiques. – La gestion des actifs numériques est rendue possible et sûre grâce à l'utilisation de technologies innovantes. Bien entendu, les procédés varient d'une catégorie d'actif numérique à l'autre. Toutefois, il est permis d'y déceler un point commun : ces technologies sont le plus souvent basées sur le modèle rigide d'un utilisateur unique qui en détient le monopole d'utilisation. Par exemple, la gestion d'avoirs numériques stockés sur un registre numérique partagé appelé *« blockchain »* implique nécessairement l'usage d'une donnée cryptographique, une « clé privée » permettant l'accès aux actifs via une authentification[8]. Or, une telle clé est unique, seul son détenteur en connait l'existence et maîtrise ainsi exclusivement la gestion des biens. Si c'est un époux qui détient la clé, rien ne l'oblige à la transmettre à son conjoint même si les avoirs stockés sont communs. Et si l'époux a fait le choix de confier sa clé à une plateforme, comme c'est fréquemment le cas, le

5. V. S. Piedelièvre, *Les régimes matrimoniaux*, 4e éd., Bruylant, 2022, n° 227.

6. En ce sens 117e Congrès des notaires de France, *Le numérique, l'homme et le droit. Accompagner et sécuriser la révolution digitale*, 2021, n° 2735, p. 240.

7. En ce sens, M. Touchais, « Cryptomonnaies et communauté de biens », *LPA* janv. 2023, p. 67 ; 117e Congrès des notaires de France, *op. cit.*, p. 494 s.

8. Pour davantage d'explications sur les aspects techniques des *blockchains*, v. R. Baron, « Aspects techniques de la technologie *blockchain* », *in* F. Marmoz (dir.), *Blockchain et droit*, Dalloz, coll. « Thèmes & Commentaires », 2018, p. 11 ; M. Julienne, « Les actifs numériques, entre droit et technologie », *BJB* 2020. 64 ; D. Legeais, *J.-Cl. Com.*, fasc. 534, V° « Blockchain » ; M. Mekki, « Les mystères de la *blockchain* », *D.* 2017. 2160.

problème reste le même car il est alors titulaire de codes d'accès inconnus de son conjoint. Ce dernier ne sera donc en pratique jamais en mesure d'exercer son pouvoir concurrent de gestion sur les avoirs numériques communs.

Disparité des compétences individuelles. – Tous les individus ne sont pas égaux au regard des nouveaux outils numériques, et certains se trouvent même totalement démunis face à eux. La notion « d'illectronisme » a d'ailleurs récemment été mise en avant[9]. Cette particulière vulnérabilité numérique engendre une véritable exclusion des personnes qui en sont victimes. On peut dès lors fort bien imaginer que l'un des membres du couple soit féru de nouvelles technologies, alors que son conjoint est frappé d'illectronisme. Comment ce dernier peut-il dès lors gérer techniquement les actifs numériques communs? Ne sera-t-il pas ainsi dépendant de son époux? Cette réalité pratique est un obstacle majeur à la mise en place de pouvoirs individuels et égalitaires pour la gestion des biens communs numériques.

Existe-t-il un moyen de corriger ces perturbations?

B. L'INADAPTATION DES CORRECTIFS JURIDIQUES TRADITIONNELS AUX ACTIFS NUMÉRIQUES

Perturbation des dispositifs légaux habituellement appliqués en cas de dysfonctionnement des règles de gestion. – Pour remédier aux difficultés qui viennent d'être évoquées, l'on pourrait tout simplement songer à mettre en œuvre l'un des correctifs juridiques spécialement prévus pour apporter des solutions aux crises dans la gestion des biens du couple. On trouve, en effet, dans la section du Code civil spécifique aux pouvoirs des époux communs en biens[10], mais aussi dans le chapitre applicable à tous les couples mariés[11], des textes conçus pour les cas de perturbation des règles de gestion. Ils mettent en place des mesures préventives destinées, en amont, à éviter un dépassement de pouvoir, mais également des moyens curatifs, en aval, pour en limiter les effets. Toutefois, il est permis de penser que ces dispositifs classiques sont également largement mis à mal face à la spécificité des actifs numériques.

Effectivité douteuse des mesures préventives. – Deux types de dispositifs préventifs sont possibles. En effet, les textes prévoient tantôt des augmentations de pouvoirs destinées à éviter des paralysies du système de gestion[12], tantôt

---

9. V. 117e Congrès des notaires de France, *Le numérique, l'homme et le droit. Accompagner et sécuriser la révolution digitale*, *op. cit.*, p. 137 s. Selon une étude citée, ce phénomène d'illectronisme s'étendrait à près de 20 % de la population française!
10. C. civ., art. 1421 à 1440.
11. C. civ., art. 212 à 226.
12. C. civ., art. 217 et 219 en particulier.

des limitations de pouvoirs afin de préserver l'intérêt de la famille[13]. Le souci qui nous occupe ici est d'éviter les éventuels abus de l'époux qui bénéficie d'un pouvoir exclusif de fait sur les actifs numériques communs. Face à ce problème particulier, un dispositif pourrait sembler particulièrement intéressant : celui de l'article 220-1 du Code civil. Ce dernier prévoit que si l'un des conjoints « manque gravement à ses devoirs et met ainsi en péril les intérêts de la famille, le juge aux affaires familiales peut prescrire toutes les mesures urgentes que requièrent ces intérêts ». On pourrait sans doute considérer que les conditions d'application du texte sont réunies face à l'attitude irraisonnée d'un époux qui, par manque de compétences ou par excès d'assurance, multiplie les transactions hasardeuses et finalement désastreuses sur des actifs numériques communs de grande valeur. Il semblerait alors opportun de demander au juge de lui interdire la gestion de ces actifs. Il est cependant permis de douter[14] que l'effectivité d'une telle mesure judiciaire puisse en pratique réellement être assurée. Par exemple, est-il possible d'imposer ou même simplement de contrôler une restriction de pouvoirs sur des cryptomonnaies stockées sur une plateforme numérique?

Difficulté de mise en œuvre des mesures curatives. – Lorsque l'article 1421 du Code civil pose le principe de la gestion concurrente sur les biens communs et celui de l'opposabilité des actes ainsi accomplis par chacun des époux, il réserve deux hypothèses : celle de la faute de gestion susceptible d'engager la responsabilité de l'époux gestionnaire, et celle de la fraude, qui rendra l'acte inopposable au conjoint[15]. C'est donc sur ces fondements que l'on pourrait imaginer sanctionner le comportement abusif d'un des époux dans sa gestion des actifs numériques communs. Toutefois, cela suppose que ces deux notions soient réellement caractérisées et puissent être prouvées.

Concernant la faute de gestion, il est généralement admis qu'elle peut concerner aussi bien des actions que des omissions[16], et qu'elle est susceptible d'être constituée dans le cas où un époux aurait géré les biens communs de manière irréfléchie et imprudente[17]. Le problème avec les actifs numériques, c'est qu'ils constituent souvent des investissements spéculatifs assez risqués, ce qui relativise la notion de prudence en la matière. Comment dès lors apprécier la faute de gestion dans ce contexte particulier?

13. C. civ., art. 220-1 à 220-3; C. civ., art. 1426 : sur ce texte, v. V. Brémond, *J.-Cl. Notarial*, V° « Communauté légale. – Administration des biens communs. – Modifications dans la répartition ordinaire des pouvoirs », fasc. 26.
14. Partageant nos doutes sur ce point, v. 117e Congrès des notaires de France, *op. cit.*, p. 495.
15. La doctrine dénonce toutefois les incertitudes sur la sanction. V. F. Terré et P. Simler, *Régimes matrimoniaux*, *op. cit.*, nos 504 s.
16. En ce sens J. Flour et G. Champenois, *Les régimes matrimoniaux*, *op. cit.*, n° 351, qui relèvent toutefois qu'en matière de gestion concurrente il semble difficile pour un époux de reprocher son inaction à son conjoint alors que lui-même détient les pouvoirs d'agir.
17. V. F. Terré et P. Simler, *Régimes matrimoniaux*, *op. cit.*, nos 504 s.

Quant à la fraude, elle est susceptible de se rencontrer lorsque l'un des époux a exercé ses pouvoirs de gestion concurrente avec l'intention de porter atteinte aux intérêts de son conjoint[18]. Or, il semble que la jurisprudence retienne une présomption de conformité à l'intérêt commun[19] de l'exercice des pouvoirs concurrents. Il sera sans doute difficile de la renverser en une matière aussi technique que la gestion des actifs numériques.

Dans tous les cas, ces actions semblent aléatoires et difficiles à mettre en œuvre, et on peut sérieusement douter que, tant que le couple sera marié, le conjoint osera les enclencher.

Les perturbations du principe de gestion concurrente des biens communs risquent bien en pratique de perdurer.

Qu'en est-il des autres modes de gestion dérogatoires en régime légal?

II. LA PERTURBATION DES MODES DÉROGATOIRES DE GESTION

Le principe de gestion concurrente est limité par deux exceptions de nature très différentes : des cas de cogestion (A) et des cas de gestion exclusive (B). L'un comme l'autre de ces modes de gestion dérogatoires se trouvent perturbés en présence d'actifs numériques.

A. LA MISE À MAL DES RÈGLES DE COGESTION

Difficulté générale d'application du mécanisme de cogestion aux actifs numériques. – Par exception au principe de gestion concurrente, le législateur a fait le choix d'imposer une collaboration du couple pour les actes de gestion de la communauté jugés les plus importants. C'est ainsi, par exemple, que les époux ne peuvent l'un sans l'autre aliéner ou grever de droits réels un fonds de commerce commun[20], ou encore donner à bail un fonds rural ou un immeuble à usage commercial, industriel ou artisanal dépendant de la communauté[21]. Bien entendu, les actifs numériques ne sont pas expressément visés par ces dispositions, qui datent pour la plupart de 1985. Pour autant, ces biens sont susceptibles d'avoir une importance patrimoniale telle qu'il ne serait de prime abord pas incongru d'envisager en soumettre la disposition au commun accord des conjoints. Cependant, le mécanisme de la cogestion parait à l'analyse totalement incompatible avec les spécificités des actifs numériques. D'une part, imposer une collaboration conjugale, c'est

18. J. Flour et G. Champenois, *Les régimes matrimoniaux*, *op. cit.*, n° 354.
19. V., par exemple, concernant la gestion des fonds communs : Civ. 1re, 27 avr. 1982, *Bull. civ.* I, n° 145; Civ. 1re, 11 juin 1991, *Bull. civ.* I, n° 190.
20. C. civ., art. 1424.
21. C. civ., art. 1425.

nécessairement introduire un facteur de rigidité dans un secteur gouverné par des impératifs de réactivité, voire d'instantanéité. D'autre part, on l'a vu, comment techniquement imposer et garantir l'intervention du conjoint dans un système qui ignore la coaction et favorise les actions individuelles et exclusives ?

Difficulté propre aux donations d'actifs numériques. – L'article 1422 du Code civil dispose que les époux ne peuvent, l'un sans l'autre, disposer entre vifs, à titre gratuit, des biens de la communauté. Le texte ne visant pas une catégorie de biens en particulier, il devrait en théorie s'appliquer aux donations d'actifs numériques dès lors que ces derniers sont qualifiés de communs. Toutefois, les risques de violation de ce cas de cogestion sont d'autant plus grands qu'il est techniquement facile[22] de faire donation d'actifs numériques en toute discrétion pour l'époux qui en maîtrise en pratique la gestion.

Bien entendu, si l'un des époux donne un tel actif numérique sans l'accord de son conjoint, l'acte devrait pouvoir être annulé sur le fondement de l'article 1427 du Code civil. Ce texte prévoit en effet que le conjoint peut demander l'annulation des actes passés par son époux en outrepassant ses pouvoirs sur les biens communs. Cette action, réservée à l'époux victime, lui est ouverte pendant deux années à partir du jour où il a eu connaissance de l'acte, sans pouvoir jamais être intentée plus de deux ans après la dissolution de la communauté.

Toutefois, ici encore, toute la difficulté sera d'assurer l'effectivité de la sanction de ce dépassement de pouvoir. En pratique, outre les classiques difficultés probatoires, il existe d'importants obstacles techniques à la remise en cause des transactions réalisées sur les actifs numériques[23].

B. LA MISE À MAL DES RÈGLES DE GESTION EXCLUSIVE

Risque d'ingérence du conjoint dans la gestion exclusive de certains actifs numériques. – Il existe des cas, exceptionnels en régime légal, où la loi impose une gestion exclusivement réservée à l'un des époux, et, par conséquent, interdite à l'autre. On pourrait penser qu'il n'y a alors aucun souci puisque ce mode de gestion semble parfaitement adapté aux actifs numériques. En effet, on l'a vu, un des conjoints bénéficie souvent en pratique d'un monopole de fait pour gérer de tels biens. Toutefois, cela suppose que l'époux titulaire du pouvoir exclusif de fait soit bien celui titulaire du pouvoir exclusif de

22. Les auteurs décrivent en effet la particulière facilité de transmission à titre gratuit des actifs numériques. V., en particulier, R. Dupuis-Bernard et C. Pommier, « La transmission des actifs numériques », *JCP N* 2021. 1360 ; R. Vabres, « La donation de cryptomonnaies », *JCP N* 2019. 1313 ; 117e Congrès des notaires de France, *op. cit.*, p. 520 s.

23. V. M. Touchais, « Cryptomonnaies et communauté de biens », *LPA* janv. 2023. 67, qui évoque les difficultés techniques d'annulation des transactions relatives aux cryptomonnaies conclues sur la *blockchain*.

droit ! Le risque de perturbation des règles de gestion exclusive n'est donc pas totalement exclu. Il prendra alors la forme d'une possible ingérence du conjoint, que l'on peut rencontrer dans les deux situations où, en régime légal, la loi prévoit une gestion exclusive.

Perturbation du pouvoir exclusif de gestion des actifs numériques communs nécessaires à une activité professionnelle séparée. – Afin d'assurer l'indépendance professionnelle des époux, l'article 1421 alinéa 2 du Code civil prévoit que « l'époux qui exerce une profession séparée a seul le pouvoir d'accomplir les actes d'administration et de disposition nécessaires à celle-ci ». Contrairement à ce qu'aurait autorisé la gestion concurrente, cette gestion exclusive permet en théorie d'éviter les ingérences d'un époux dans l'exercice de la profession de l'autre. Il faut reconnaitre qu'en pratique, les perspectives d'action de l'époux titulaire de ce pouvoir exclusif semblent relativement limitées, à la fois par la prévalence des cas de cogestion, et par les incertitudes sur la délimitation des notions de « profession séparée » et d'actes « nécessaires ». Malgré tout, l'application de ce dispositif à certains actifs numériques n'est pas totalement inenvisageable. On pourrait, par exemple, imaginer le cas de la gestion d'un logiciel qui est l'accessoire d'un fonds de commerce, certes commun, mais exploité par un seul des époux. Que se passera-t-il si l'époux qui maitrise le logiciel n'est pas celui titulaire du pouvoir exclusif de gestion ? Bien sûr l'applicabilité à ce détournement de pouvoirs de l'article 1427 du Code civil, est certaine[24]. Ce texte, on l'a déjà évoqué, prévoit une nullité relative. Cependant, l'on peut réitérer ici nos doutes sur l'effectivité d'une telle sanction.

Perturbation du pouvoir exclusif de gestion des actifs numériques propres. – L'article 1428 du Code civil impose une gestion exclusive par chaque époux de ses biens propres. Ainsi, dès lors qu'un actif numérique sera qualifié de bien propre, il sera soumis à ce mode de gestion garantissant l'autonomie des époux sur leur patrimoine personnel. Mais c'est là encore sans compter sur la perturbation susceptible d'être engendrée par une contradiction entre la titularité de droit et de fait de ce pouvoir exclusif. Par exemple, ce risque sera avéré si la clé privée permettant la gestion de cryptomonnaies propres à l'un des époux est détenue par son conjoint. Ici encore, il parait extrêmement difficile de sanctionner les dépassements de pouvoirs. D'ailleurs, dans bien des cas, la passivité de l'époux propriétaire validera l'immixtion de son conjoint, puisque l'article 1432 alinéa 1er du Code civil prévoit que « quand l'un des époux prend en mains la gestion des biens propres de l'autre, au su de celui-ci, et néanmoins sans opposition de sa part, il est censé avoir reçu un mandat tacite, couvrant les actes d'administration et de jouissance, mais non les actes de disposition ». Dans les hypothèses, vraisemblablement plus

24. En ce sens F. Terré et P. Simler, *Régimes matrimoniaux*, *op. cit.*, n° 467.

exceptionnelles, où le propriétaire se serait opposé à l'action de son conjoint sur ses actifs numériques propres, une action en nullité semble juridiquement possible[25], mais, une fois de plus, techniquement irréalisable.

Toutefois, afin de tempérer ces constats, qui pourraient sembler décourageants tant les perturbations possibles sont fréquentes et les solutions aléatoires, il faut rappeler que le régime des actifs numériques est sans doute encore largement en gestation. Quel que soit l'avenir promis à ces biens atypiques, nul doute qu'il permettra de trouver les solutions techniques et juridiques pour concilier leur gestion avec les règles de pouvoir en régime légal.

25. La doctrine majoritaire se prononce en faveur de la nullité : J. Flour et G. Champenois, *Les régimes matrimoniaux*, *op. cit.*, n° 410 ; P. Malaurie et L. Aynès, *Droit des régimes matrimoniaux*, *op. cit.*, n° 461 ; S. Piedelièvre, *Les régimes matrimoniaux*, *op. cit.*, n° 210 ; F. Terré et P. Simler, *Régimes matrimoniaux*, *op. cit.*, n° 523. V., toutefois, en faveur de la thèse de l'inopposabilité de l'acte au conjoint : P. Voirin et G. Goubeaux, *Droit civil. t. 2. Régimes matrimoniaux, successions, libéralités*, *op. cit.*, n° 155.

Indivision et actifs numériques

ANNIE CHAMOULAUD-TRAPIERS

Professeur à l'Université de Limoges, membre du CREOP (UR 15561)

1. Une fois admise la patrimonialité de certains actifs numériques, il est évident que les détenteurs de tels éléments d'actifs seront soumis, comme tout un chacun, aux aléas de la vie : peut-être mariés sous un régime de communauté, ils sont exposés à la statistique sur la longévité du mariage, un mariage sur deux se dissout par le divorce, et même non mariés, ils décèderont un jour... Dans les deux cas, s'ouvrira alors une indivision et se posera la question de l'application à ces actifs numériques, des règles du droit de l'indivision. Il apparaît en revanche peu vraisemblable qu'il y ait des acquisitions directement en indivision de tels actifs numériques. En effet, qu'il s'agisse de titres numériques inscrits sur un porte-monnaie électronique ou de jetons inscrits sur la *blockchain*, on conçoit mal qu'il puisse y avoir acquisition d'un seul et même titre numérique par deux personnes. L'hypothèse est d'autant plus invraisemblable que les jetons, ou *tokens*, sont émis et inscrits sur une adresse de la *blockchain* dont seul le titulaire a le contrôle au moyen d'une clé privée sécurisée. Comment, dans ces conditions, concevoir une acquisition à deux?

S'agissant du divorce d'époux communs en biens, l'entrée dans l'indivision post-communautaire n'est à envisager que si, du point de vue de la *qualification, les jetons*, en particulier les fameux NFT *(non fongible tokens)*, jetons non fongibles, sont qualifiés de biens communs, ne serait-ce que pour leur *valeur*. Une telle qualification ne paraît pas exclue[1]. S'agissant du décès, sa date marque le point de départ de l'indivision successorale dont feront nécessairement partie les *jetons* qui ont une valeur patrimoniale. La présence éventuelle de ces actifs numériques dans l'indivision soulève un certain nombre de questions.

1. V. *supra*, G. Yildirim, « La qualification des actifs numériques dans le régime de la communauté légale ».

2. Pour s'en tenir à une approche simplement chronologique, en définitive assez naturelle en matière d'indivision, on peut envisager, d'une part, la confrontation des actifs numériques aux règles de l'indivision pendant le cours même de l'indivision et, d'autre part, la prise en compte de ces actifs numériques au moment de la liquidation de l'indivision. Or, s'il apparaît que certains mécanismes du droit de l'indivision semblent inadaptés aux actifs numériques indivis, en revanche, les opérations de liquidation de l'indivision ne devraient pas être considérablement affectées par la présence d'actifs numériques indivis, sous réserve d'une application mesurée de certaines règles applicables au partage des biens indivis.

I. L'INADAPTATION PARTIELLE DU DROIT DE L'INDIVISION AUX ACTIFS NUMÉRIQUES INDIVIS

A. DES DISPOSITIONS LÉGALES INADAPTÉES À UN ACCÈS AVEC CODE OU CLÉ NUMÉRIQUES

3. *Incompatibilité des droits d'usage des indivisaires.* – L'indivision postule que chacun des indivisaires dispose, sur le bien indivis, des prérogatives d'*usus*, *fructus* et *abusus*. Toutefois, à raison de la situation d'indivision, l'exercice de ces prérogatives est subordonné, pour chacun des indivisaires, au respect des prérogatives concurrentes de ses coïndivisaires sur le même bien. Ainsi, aux termes de l'article 815-9 du Code civil, chacun des indivisaires peut user et jouir des biens indivis « conformément à leur destination, dans la mesure compatible avec les droits des autres indivisaires ». Or, lorsque l'accès à un actif numérique, cryptomonnaies ou jetons non fongibles – *NFT* – ne peut être réalisé que par un code ou des clés numériques, clé publique et clé privée, si un seul des indivisaires connaît ces clés, la situation équivaudra alors à une jouissance privative de cet actif.

4. *Jouissance par essence privative des actifs numériques?* – On le sait, la jouissance privative est aujourd'hui définie par la Cour de cassation comme l'impossibilité de fait ou de droit, pour les autres indivisaires de pouvoir, eux aussi, exercer leur droit d'usage sur le bien[2]. De manière récurrente, la Cour de cassation retient que la détention d'un bien indivis immobilier par un seul des indivisaires suffit à caractériser la jouissance privative, par cet indivisaire de ce bien. Il importe peu que l'indivision ne subisse aucun préjudice[3], ou

2. Civ. 1re, 31 mars 2016, n° 15-10.748, FS-PB, *D.* 2016. 782, *AJ fam.* 2016. 263, obs. J. Casey, *Defrénois flash* 25 avr. 2016, n° 133u1, p. 11 ; v. égal. Civ. 1re, 20 sept. 2023, n° 21-23.877, F-D, *DEF* 11 janv. 2024, n° DEF217u5, obs. A. Chamoulaud-Trapiers.
3. Civ. 1re, 23 juin 2010, n° 09-13.250, *Bull. civ.* I, n° 145, *D.* 2010. Actu., obs. C. Le Douaron, *JCP* 2010. 1220, note M. Storck, *JCP* 2011. 1001, note A. Tisserand-Martin, *Defrénois* 15 déc.

qu'il n'y ait pas eu d'utilisation effective, par cet indivisaire, du bien indivis. Si l'on transpose ces solutions prétoriennes aux actifs numériques accessibles via un code ou une clé numérique publique et une clé privée personnels à un seul indivisaire, il apparaît que les autres indivisaires sont dans l'impossibilité d'exercer tout usage et toute jouissance de cet actif[4].

5. *Inadaptation des mesures de crise.* – Dans l'hypothèse d'un *blocage* lié à l'impossible accès à un actif numérique faute de connaître les codes ou clés d'accès, on pourrait songer à recourir à l'article 815-6 du Code civil.

De manière un peu caricaturale, on pourrait présenter ce texte comme le « texte à tout faire » dans l'hypothèse d'une crise entre indivisaires, spécialement lorsque l'un ou plusieurs des indivisaires refusent toute décision relativement au bien indivis ou lorsqu'ils restent taisants. Il permet notamment la désignation, par le président du tribunal judiciaire, d'un administrateur provisoire, indivisaire ou tiers. La Cour de cassation a admis que ce texte ouvre au président du tribunal judiciaire la possibilité d'autoriser un indivisaire à conclure seul un acte de vente[5], alors même que la procédure d'autorisation judiciaire de vendre un bien indivis en dépit du refus de l'un des indivisaires relève, en principe, de la compétence du tribunal judiciaire, aux termes de l'article 815-5 du Code civil.

Le demandeur devra établir que la mesure sollicitée est justifiée par l'urgence et l'intérêt commun.

Pour autant, même cette disposition, dont le champ d'application est somme toute assez large, ne paraît guère adaptée aux actifs numériques indivis : permettrait-elle d'obtenir communication d'un code d'accès ou d'une clé privée par nature personnelle à tel ou tel individu? Il est permis d'en douter.

La mise en place de conventions d'indivisions paraîtrait plus pertinente que la recherche de solutions judiciaires.

B. UN UTILE AMÉNAGEMENT CONVENTIONNEL DE L'INDIVISION

6. *Convention d'indivision.* – Comme pour n'importe quel actif indivis, les indivisaires peuvent organiser par convention l'exercice de leurs droits indivis (C. civ., art. 815-1). S'agissant d'actifs numériques, certains aménagements pourraient être utilement prévus dans l'intérêt de tous, spécialement :

– la désignation d'un gérant; celui-ci peut être choisi ou non parmi les indivisaires (C. civ., art. 1873-5, al. 1.);

2010, n° 39176, p. 2269, note A. Chamoulaud-Trapiers, *Defrénois* 30 janv. 2012, n° 40318, p. 82, note A. Chamoulaud-Trapiers, *Defrénois flash* 25 juill. 2011, n° 249, p. 7.

4. V. 117e Congrès des notaires de France, 2e commission, « Le patrimoine familial », § 2740.

5. V. Civ. 1re, 4 déc. 2013, n° 12-20.158, P.

– les modalités de désignation et de révocation du gérant, avec des majorités en nombre de quotes-parts et/ou en nombre d'indivisaires ;

Le gérant de l'indivision peut accomplir seul, sans autorisation supplémentaire, tous les actes d'administration et de gestion courante des biens indivis. À ce titre, il peut assurer la gestion d'un portefeuille de valeurs mobilières. En revanche, parce qu'il est soumis aux mêmes restrictions que celles posées pour les époux communs en biens (C. civ., art. 1873-6, al. 2), il ne peut pas aliéner ou grever de droits réels les immeubles, fonds de commerce et exploitation indivis, les droits sociaux indivis non négociables et les meubles corporels dont l'aliénation est soumise à publicité. On peut donc s'interroger sur la possibilité, pour le gérant de l'indivision, de prendre la décision de céder valablement des actifs numériques indivis. Sous réserve d'être lui-même indivisaire, il devrait alors recourir aux mécanismes judiciaires d'autorisation (C. civ., art. 815-6 ou 815-5).

La convention pourrait prévoir que certaines décisions peuvent être prises autrement qu'à l'unanimité ; la seule exclusion étant la cession des immeubles ; il serait possible de prévoir que la cession des actifs numériques indivis se fera à une majorité renforcée.

En définitive, une convention d'indivision permettrait de surmonter certaines des difficultés soulevées par la présence d'actifs numériques dans l'indivision. Encore faudra-t-il que cette convention puisse être signée.

II. UNE APPLICATION MESURÉE DES RÈGLES LIQUIDATIVES

A. L'IDENTIFICATION DES ACTIFS NUMÉRIQUES INDIVIS

7. *Les actifs numériques indivis d'origine.* – À l'heure de la liquidation de l'indivision, et au-delà des incertitudes pouvant peser sur la qualification, en régime de communauté, des actifs numériques, une première difficulté, très matérielle, peut se poser : celle de *l'existence* même de tels actifs dans la masse indivise.

Cette difficulté a déjà été soulignée par le notariat[6]. Elle n'est pas spécifique aux actifs numériques : l'existence de certains meubles, corporels ou incorporels, peut être ignorée des héritiers, ou même d'un ex-conjoint aujourd'hui divorcé. Pour le cas de la dissimulation, l'arsenal habituel de la sanction du recel, recel de communauté (C. civ., art. 1477) ou recel de succession (C. civ., art. 778), suivant les circonstances, sera applicable. L'auteur du recel sera privé de tout droit sur les actifs recelés. Toutefois, pour appliquer la sanction, encore faudra-t-il d'abord démontrer en amont l'existence de tels actifs, pour

6. V. rapport du 117e Congrès des notaires de France, 2e commission, « Valoriser et transmettre le patrimoine dans le monde numérique », n° 2742.

ensuite administrer la preuve de *l'intention frauduleuse* du prétendu receleur. Un oubli, une erreur, ne peuvent constituer une fraude, « L'erreur, même fautive n'est pas la fraude. Tout au contraire, elle l'exclut[7]... ».

8. *La subrogation automatique de l'article 815-10 du Code civil.* – Outre les actifs numériques indivis d'origine, c'est-à-dire ceux dont le défunt ou l'ex-époux était déjà titulaire à la date d'ouverture de l'indivision, il faut également envisager la possible intégration dans la masse indivise d'actifs numériques devenus indivis pendant le cours de l'indivision, par subrogation.

En effet, le droit de l'indivision admet la subrogation réelle depuis le célèbre arrêt *Chollet c/ Dumoulin* de 1907[8]. Elle a été consacrée par la loi du 23 juin 2006 à l'article 815-10, alinéa 1er. Deux cas de subrogation réelle sont prévus : la subrogation réelle automatique des « créances et indemnités qui remplacent des biens indivis » et la subrogation volontaire des biens acquis « en emploi ou en remploi des biens indivis ». Peut-on envisager que cette dernière soit applicable à des actifs numériques devenus indivis à raison du décès de leur titulaire? La subrogation par emploi ou remploi n'est ici subordonnée à aucune condition de mention dans l'acte d'acquisition. Une telle exigence serait très certainement un obstacle à l'application de la subrogation réelle aux actifs numériques indivis. Il faut et il suffit que l'opération soit réalisée avec *le consentement unanime* des indivisaires. Si l'un des indivisaires, avec le consentement des autres, cède un actif numérique pour en acquérir un autre, la subrogation paraît pouvoir jouer.

Une fois déterminés les actifs numériques entrant dans l'indivision, une autre difficulté devra être prise en compte, celle de leur évaluation.

B. LES ENJEUX DU CHOIX DE LA DATE DE LA JOUISSANCE DIVISE

9. *Prescriptions légales.* – L'évaluation des biens en vue de la réalisation du partage doit être faite, suivant les termes de l'article 829 du Code civil « à la date de la jouissance divise ». L'évaluation définitive des biens indivis et des créances dont le montant est lié à la valeur du bien indivis ne peuvent être arrêtées qu'à cette date. La Cour de cassation vient de le rappeler très récemment[9]. L'article 829 du Code civil comporte trois prescriptions concernant la fixation de cette date :

– tout d'abord, la date de la jouissance divise est fixée par *l'acte de partage*, le texte précisant « en tenant compte, s'il y a lieu des charges les grevant » ;

– ensuite, cette date doit être *la plus proche possible du partage* ;

7. M. Grimaldi, *Droit des successions*, 8e éd., LGDJ, 2020, n° 516.
8. Civ., ch. réun., 5 déc. 1907, *DP* 1908. 1. 113, note Colin, *S.* 1908. 1. 5, concl. Baudouin.
9. Civ. 1re, 21 juin 2023, n° 21-24.851, FS-B.

– enfin, si le partage est judiciaire, le juge peut retenir une date « plus ancienne » « si le choix de cette date apparaît plus favorable à la réalisation de légalité ». La jurisprudence a même admis que le juge pouvait fixer la date du partage à la date à laquelle la décision est rendue[10].

10. *Application au partage amiable comportant des actifs numériques.* – S'agissant de la fixation amiable de la jouissance divise, les copartageants peuvent se mettre d'accord sur une date très antérieure. Le choix peut ainsi être fait de la date du *décès*[11].

Ce peut être notamment par souci de simplifier la question de l'évaluation : puisqu'il a fallu évaluer les actifs pour les besoins de la déclaration de succession, cela peut éviter une nouvelle expertise. La question de l'applicabilité des règles de l'indivision sera alors résolue : il n'y aura pas eu d'indivision...

Un tel choix, pour des actifs numériques, peut s'avérer parfaitement contraire à l'égalité du partage, les valeurs des *tokens* ou des cryptomonnaies étant particulièrement fluctuantes.

11. *Illustration de la volatilité des cryptomonnaies : les évolutions du cours du bitcoin.* – Pour se convaincre des dangers du choix d'une date de jouissance divise un peu éloignée de celle du partage, il suffit de se référer à quelques évolutions du cours du bitcoin :

– entre janvier et avril 2013 son cours est passé d'environ 10 € à 198 €... ;

– en 2014, son cours a évolué entre janvier et fin décembre d'environ 500 € à 300 € ;

– en 2021, son cours est passé de 23 000 à 54 000 € ;

– en novembre 2022, le cours du bitcoin s'effondre (environ 15 000 €) à la suite de la faillite d'une plateforme d'échange de cryptomonnaie, FTX.

Le principe d'une date de jouissance divise la plus proche possible du partage. – Pour l'évaluation des actifs numériques indivis, on peut donc légitimement s'interroger sur la possibilité, même dans les partages amiables, de laisser la faculté de choisir une date de jouissance divise qui ne serait pas « la plus proche possible » du partage.

Propos conclusif. – Actifs numériques et indivision sont-ils inconciliables ? Une réponse négative s'impose, même si le droit de l'indivision n'apparaît pas le plus adapté à la gestion de tels actifs.

---

10. Civ. 1re, 18 sept. 2002, n° 00-17.555, *Bull. civ.* I, n° 211.

11. M. Grimaldi, *Les successions*, *op. cit.*, n° 970 et la note 243.

DEUXIÈME PARTIE

Le patrimoine numérique à l'épreuve du décès

La protection des données numériques après la mort

JÉRÉMY HOUSSIER
Professeur à l'Université de Reims Champagne-Ardenne

S'interroger sur les règles relatives à la protection des données numériques après la mort revient à interroger un droit aux incidences vertigineuses[1].

Une seule illustration suffit à le démontrer : toutes les 24 heures, près de 8 000 personnes inscrites sur *Facebook* décèdent dans le monde[2], laissant derrière elles, pour des dizaines voire des centaines d'années, des milliers de données numériques, constituées de publications écrites, sonores, visuelles ou audiovisuelles, associées à d'innombrables données à caractère personnel. Or si *Facebook* constitue le réseau social le plus populaire au monde, il n'en constitue qu'un parmi d'autres, nos comptes de messagerie, nos comptes de gestion de services en ligne, comme nos actifs numériques[3] grossissant, du reste, le flot des données à caractère personnel ou patrimonial laissées derrière nous à notre décès.

---

1. Bibl. gén. : 113ᵉ Congrès des notaires de France, *#Familles #Solidarités #Numérique, Le notaire au cœur des mutations de la société*, 2017, n° 3320 s. ; C. Pérès et C. Vernières, *Droit des successions*, PUF, 2018, n° 34 s. ; C. Bordes, « Prévoir sa mort numérique. Le devenir des données numériques *post-mortem* », *RDLF* 2020. Chron. 9 ; 117ᵉ Congrès des notaires de France, *Le numérique, accompagner et sécuriser. L'homme, la révolution digitale et le droit*, 2021, nᵒˢ 1470 s. ; B. Vareille (dir.), *Successions Libéralités 2022*, Francis Lefebvre, 2022, nᵒˢ 26500 s. ; G. Brunaux, « La mort à l'ère numérique : le sort des biens et des données personnelles », *JCP N* 10 mars 2022, n° 10, 1110 ; S. Godechot-Patris et N. Laurent-Bonne (dir.), *L'hérédité numérique. Regards croisés*, Dalloz, coll. « Thèmes & Commentaires », 2023.
2. CNIL, « Mort numérique : peut-on demander l'effacement des informations d'une personne décédée ? », 25 janv. 2016 [www.cnil.fr]. Selon une étude récente, le nombre de profils de personnes décédées devrait dépasser dès 2070 celui des personnes vivantes sur Facebook : C. J. Ohman et D. Watson, « The dead taking over Facebook? A Big Data approach to the future of death online », *Big Data & Society*, janv.-juin 2019 : 1-13.
3. Sur les actifs numériques : E. Netter et A. Chaigneau (dir.), *Les biens numériques*, Ceprisca, 2015 ; D. Legeais, « L'avènement d'une nouvelle catégorie de biens : les actifs numériques », *RTD com.* 2019. 191 ; 117ᵉ Congrès des notaires de France, *op. cit.*, nᵒˢ 2703 s.

Or comment protéger cette diversité de données après la mort? Faudrait-il les figer dans leur intégralité, afin de les transmettre à tel ou tel héritier, ou les supprimer? Faudrait-il confier leur protection aux principaux responsables de leur traitement, ou à ces mêmes héritiers? Et au-delà, faudrait-il s'inspirer de la philosophie et des principes du droit des successions, ou en imaginer de nouveaux?

À dire vrai, le doute domine.

De fait, le vertige saisit le juriste devant la dispersion du régime de la protection des données numériques après la mort, reflet de la dispersion de la notion en elle-même[4]. À s'en remettre au règlement sur les données du 13 décembre 2023, les données numériques renvoient en effet à « toute représentation numérique d'actes, de faits ou d'informations et toute compilation de ces actes, faits ou informations, notamment sous la forme d'enregistrements sonores, visuels ou audiovisuels[5] ». Aussi ces données réunissent-elles à la fois des données à caractère personnel, en partie régies par le RGPD[6], et des données à caractère patrimonial, exclues de celui-ci, soit des données diverses, tantôt d'identification et de contact, tantôt phénotypiques et génétiques, démographiques, économiques, sociales ou juridiques[7], des contenus en ligne ou encore des actifs numériques. Le domaine de ces données numériques est donc hétéroclite, à l'égal des normes les régissant.

Car si certaines données, comme celles à caractère personnel, ont peu à peu été saisies et régies par le droit s'agissant de leur protection après la mort[8], et plus précisément par trois textes promulgués en France[9], au-delà, le néant demeure la règle, les données autres qu'à caractère personnel, et notamment

4. V. F. Viangalli, « Le concept de donnée en droit du numérique. Essai de définition », *RLDI* 1er avr. 2023, n° 202.

5. Règlement (UE) 2023/2854 du 13 déc. 2023 concernant des règles harmonisées portant sur l'équité de l'accès aux données et de l'utilisation des données et modifiant le règlement (UE) 2017/2394 et la directive (UE) 2020/1828, art. 2.

6. Règlement (UE) 2016/679 du 27 avr. 2016 relatif à la protection des personnes physiques à l'égard du traitement des données à caractère personnel et à la libre circulation de ces données, et abrogeant la directive 95/46/CE, dit Règlement général sur la protection des données.

7. Pour une classification de ces données : F. Rochelandet, *Économie des données personnelles et de la vie privée*, La Découverte, 2010, p. 14 s.

8. V. spéc. C. Béguin-Faynel, « La protection des données personnelles et la mort », *in* E. Netter (dir.), *Regards sur le nouveau droit des données personnelles*, Ceprisca, 2019, p. 35; et F. Bicheron, « La transmission à cause de mort des données personnelles ou la mort numérique », in *Mélanges en l'honneur du professeur M. Grimaldi*, Defrénois, 2020, p. 81.

9. La loi n° 2016-1321 du 7 oct. 2016 pour une République numérique, l'ordonnance n° 2018-1125 du 12 déc. 2018 prise en application de l'article 32 de la loi n° 2018-493 du 20 juin 2018 relative à la protection des données personnelles et portant modification de la loi n° 78-17 du 6 janv. 1978 relative à l'informatique, aux fichiers et aux libertés et diverses dispositions concernant la protection des données à caractère personnel, et le décret n° 2019-536 du 29 mai 2019 pris pour l'application de la loi n° 78-17 du 6 janv. 1978 relative à l'informatique, aux fichiers et aux libertés. Sur cette succession de textes : M. Lamarche, « Immortalité numérique versus droit à la mort ou comment mourir sur l'Internet? », *Dr. fam.* n° 7-8, juill. 2019. Alerte 45.

celles à caractère patrimonial, n'étant régies ni par ces textes nationaux, ni par aucun autre, laissant le champ libre aux doutes et aux interrogations, mais aussi aux explorations de quelques pionnières et pionniers en sciences juridiques[10] et sociales[11], à l'origine des premières réflexions relatives à la protection des données numériques après la mort.

Or, de ces écrits, ressortent deux constats essentiels.

D'un côté, l'émergence des données numériques a donné lieu à deux mouvements divergents du droit : un premier mouvement d'acculturation au monde du numérique, d'une part, et un second mouvement d'innovation juridique, d'autre part, le premier concernant les données à caractère patrimonial, le second celles à caractère personnel. Autrement dit, la protection des données numériques après la mort dérive désormais de deux ensembles de règles, l'un relevant du domaine de l'avoir, l'autre de celui de l'être.

D'un autre côté, ces mouvements opposés ont donné lieu à diverses difficultés : certaines de conciliation théorique de ces règles touchant à l'avoir et à l'être, d'autres de conciliation pratique de ces mêmes règles.

C'est dire, en d'autres termes, que si la protection des données numériques après la mort repose désormais sur un droit mosaïque (I), elle n'en génère pas moins un droit éminemment problématique (II).

I. UN DROIT MOSAÏQUE

La protection et la transmission des données numériques après la mort sont régies depuis peu par une dualité de règles, tantôt préexistantes au monde du numérique (et relatives au domaine de l'avoir), tantôt pensées pour ce monde du numérique (et relatives au domaine de l'être). En ce sens, le droit est ici dualiste : en certaines occasions droit d'acculturation, en présence de données à caractère patrimonial (A), il est en d'autres occasions droit d'innovation, en présence de données à caractère personnel (B).

A. L'ACCULTURATION DU DROIT DES BIENS ET DE LA PROPRIÉTÉ INTELLECTUELLE

Pour assurer la protection et la transmission des données à caractère patrimonial après la mort, les juristes se sont successivement efforcés d'acculturer certaines branches du droit privé aux particularités du monde numérique.

10. V. spéc. A. Favreau, « Mort numérique : quel sort juridique pour nos informations personnelles ? », *RLDC* 2015. 66 ; J. Goffre, « La mort numérique », *D.* 2015. 1609 ; C. Pérès, « Les données à caractère personnel et la mort. Observations relatives au projet de loi pour une République numérique », *D.* 2016. 90.

11. V. not. L. Castex, E. Harbinja et J. Rossi, « Défendre les vivants ou les morts ? Controverses sous-jacentes au droit des données *post mortem* à travers une perspective comparée franco-américaine », *Réseaux* 2018/4, n° 210, p. 117.

Ainsi le droit des biens (1) comme le droit de la propriété intellectuelle (2) ont-ils tour à tour élargi leurs notions et leurs régimes à ces nouveaux artefacts numériques, par un processus d'acculturation juridique, et ce afin d'assurer la protection comme la transmission de ceux-ci.

1. L'acculturation du droit des biens

La confrontation du droit des successions et du droit des biens dans le domaine du numérique suscite une interrogation ingénue : peut-on hériter d'un actif numérique comme l'on hérite d'un actif corporel, immobilier ou mobilier, ou d'un actif incorporel, comme une créance? À cet égard, une réponse positive paraît s'imposer, la corporalité des choses n'étant pas, par principe, une condition de leur appropriation ou une condition de leur transmission à cause de mort[12]. Ainsi, et comme plusieurs contributions de ce volume l'ont démontré[13], si les actifs numériques posent encore quelques difficultés d'ordre théorique dans leur qualification, ils n'en posent en revanche plus, et paradoxalement, du point de vue de leur transmission[14]. Ainsi peut-on hériter sans difficulté apparente[15] d'actifs numériques, qu'il s'agisse de cryptomonnaies, de jetons fongibles ou autres jetons non fongibles, tout comme l'on peut hériter d'un immeuble ou d'un meuble corporel, c'est-à-dire de tout actif appropriable et approprié[16], et ce sans réelle singularité.

Certes, quelques modèles économiques propres à l'économie numérique interdisent toute transmission à cause de mort de certains actifs numériques, comme l'illustre le cas des plateformes fondées sur l'usage et non la propriété[17]. Ainsi en va-t-il des plateformes de *streaming* ou d'usage en ligne de logiciels n'autorisant pas la transmission de ces utilités aux successeurs de l'usager décédé. Mais en ce cas, c'est encore le droit des biens « ordinaire » qu'il convient d'appliquer, sans réelle singularité.

Aussi ces actifs numériques, considérés comme des biens quelconques du défunt, intègrent-ils finalement le plus classiquement qu'il soit le règlement de sa succession, dans le cadre de la dévolution normale de la succession organisée par le Code civil. L'acculturation est ici totale, la nature numérique des biens considérés étant, en termes de protection et de transmission à

12. V. F. Zenati, « L'immatériel et les choses », *Arch. phil. dr.* 1999, n° 43, p. 79.
13. V. *supra*, les contributions de K. Lafaurie, G. Yildirim, N. Mouligner-Baud et A. Chamoulaud-Trapiers.
14. V. R. Dupuis-Bernard et C. Pommier, « La transmission des actifs numériques », *JCP N*, n° 51-52, 1360; *adde* 117e Congrès des notaires de France, *op. cit.*, nos 2757 s.; G. Goffaux Callebaut et F. Burneau, « La transmission des œuvres d'art numériques », *JCP N* 11 févr. 2022, n° 6, 1087; O. Boudeville et C. Vernières, « La transmission », in *L'hérédité numérique. Regards croisés*, *op. cit.*, p. 37.
15. V. toutefois *infra*, II.
16. V. *supra*, la contribution de K. Lafaurie.
17. V. C. Castets-Renard, « Des biens aux services numériques. De l'ère de la propriété à l'âge de l'accès », *in* E. Netter et A. Chaigneau (dir.), *Les biens numériques*, Ceprisca, 2015, p. 203; *adde* J. Goffre, art. préc., spéc. nos 15 s.; C. Pérès, art. préc., n° 5; C. Béguin-Faynel, art. préc., p. 98 s.

cause de mort, finalement indifférente, ces biens intégrant la succession, et ce à la différence des droits de propriété intellectuelle numérique qui, eux, intègrent une succession anomale.

2. L'acculturation du droit de la propriété intellectuelle

À l'égal de la protection et de la transmission des actifs numériques après la mort, les droits de propriété intellectuelle – issus de créations littéraires ou artistiques numériques – n'obéissent pas à un régime dérogatoire propre au caractère numérique des œuvres protégées[18].

La protection des droits de propriété intellectuelle portant sur des œuvres numériques après la mort emprunte effectivement ses règles au droit commun de la propriété intellectuelle, conformément au principe de l'unité de l'art[19], et donc pour partie au Code de la propriété intellectuelle (CPI) et pour une autre partie à la jurisprudence de la Cour de cassation[20].

S'agissant des droits moraux, d'abord, nous savons que le droit de divulgation de l'œuvre, numérique ou non, est transmissible à cause de mort au moyen d'une première dévolution anomale, décrite à l'article L. 121-2 du CPI : « Après sa mort, le droit de divulgation de ses œuvres posthumes est exercé leur vie durant par le ou les exécuteurs testamentaires désignés par l'auteur. À leur défaut, ou après leur décès, et sauf volonté contraire de l'auteur, ce droit est exercé dans l'ordre suivant : par les descendants, par le conjoint contre lequel n'existe pas un jugement passé en force de chose jugée de séparation de corps ou qui n'a pas contracté un nouveau mariage, par les héritiers autres que les descendants qui recueillent tout ou partie de la succession et par les légataires universels ou donataires de l'universalité des biens à venir. » Sur ce point, aucune originalité n'est donc à signaler.

S'agissant des droits moraux, ensuite, les droits à la paternité et au respect de l'œuvre numérique sont aussi transmissibles à cause de mort, mais selon les règles de la dévolution normale, comme l'ont décidé les juges de la Cour de cassation s'agissant d'œuvres physiques ou purement intellectuelles[21].

S'agissant des droits patrimoniaux de l'auteur, enfin, ceux-ci sont encore transmissibles à cause de mort, mais de nouveau au moyen d'une succession anomale, l'art. L. 123-6 du CPI attribuant au conjoint survivant un usufruit spécial sur le droit d'exploitation dont l'auteur n'aura pas disposé, et ce que l'œuvre soit ou non numérique. Ainsi, « Pendant la période prévue à l'article L. 123-1, le conjoint survivant, contre lequel n'existe pas un jugement passé en

18. V. M. Clément-Fontaine, « L'œuvre numérique : un élément iconoclaste en droit de la propriété », in *Les biens numériques*, *op. cit.*, p. 183 ; B. Gleize et A. Maffre Baugé, « Le numérique, continuité et renouveau de la propriété intellectuelle », *in* B. Gleize et A. Maffre Baugé (dir.), *La propriété intellectuelle renouvelée par le numérique*, Dalloz, 2020, p. 3.

19. En ce sens : M. Clément-Fontaine, art. préc.

20. V. C. Pérès et C. Vernières, *Droit des successions*, *op. cit.*, n°s 371 s.

21. Civ. 1re, 11 janv. 1989, n° 87-11.976 ; C. Pérès et C. Vernières, *Droit des successions*, *op. cit.*, n° 371.

force de chose jugée de séparation de corps, bénéficie, quel que soit le régime matrimonial et indépendamment des droits qu'il tient des articles 756 à 757-3 et 764 à 766 du Code civil sur les autres biens de la succession, de l'usufruit du droit d'exploitation dont l'auteur n'aura pas disposé. Toutefois, si l'auteur laisse des héritiers à réserve, cet usufruit est réduit au profit des héritiers, suivant les proportions et distinctions établies par l'article 913 du Code civil ».

L'ensemble des règles du droit commun de la propriété intellectuelle est donc transposable aux droits de propriété intellectuelle portant sur des œuvres numériques, que l'on pense aux œuvres contenues sur des sites professionnels du défunt, sur des blogs plus personnels, sur les réseaux sociaux, voire dans des correspondances privées, pour peu que leur contenu soit original, c'est-à-dire qu'il contienne l'empreinte de leur auteur. Toutes les œuvres littéraires et artistiques, ou même scientifiques, sont donc susceptibles d'être ainsi protégées après la mort de leur auteur, leur support numérique étant là encore totalement indifférent à la protection conférée par le Code de la propriété intellectuelle et la jurisprudence[22].

Comme pour les actifs numériques, l'on observe donc une réelle acculturation du droit de la propriété intellectuelle au monde du numérique, sans la médiation d'un droit nouveau, d'un droit dérogatoire.

La ligne de conduite adoptée par le droit privé en ce domaine est donc celle de l'adaptation, à l'inverse du droit des données à caractère personnel, où la ligne privilégiée est celle de l'innovation.

B. L'INNOVATION DANS LE DROIT DES DONNÉES À CARACTÈRE PERSONNEL

À la différence des données à caractère patrimonial, le législateur français a érigé, s'agissant des données à caractère personnel, un véritable droit dérogatoire, destiné à assurer leur protection après la mort.

Ce droit original, contenu aux articles 84 à 86 de la Loi informatique et liberté (LIL), constitue selon une doctrine dominante une véritable succession anomale[23], non pas aux biens du défunt, mais à ses données personnelles. Autrement dit, la succession aux biens du défunt, qu'elle soit en tout ou partie normale ou anomale, se double (ou se triple) d'une succession à ses données personnelles, dont le régime est à la fois autonome et dérogatoire.

Ce droit est d'ailleurs intrigant, s'inspirant pour partie des règles du droit de la propriété intellectuelle précitées et pour partie des règles du droit de la santé publique[24], générant ainsi une étrange chimère[25]. Précisons le propos.

22. Sur l'influence du droit des données sur le droit d'auteur, v. néanmoins : M. Clément-Fontaine, « De l'influence du droit des données sur le droit d'auteur », *Dalloz IP/IT* 2021. 324.
23. En ce sens : C. Pérès, art. préc., n° 11 ; F. Bicheron, art. préc., n° 11.
24. Sur ce point : 117e Congrès des notaires de France, *op. cit.*, n° 1483.
25. Bibl. gén. : P. Vignolle, « Mort numérique, l'imbroglio ne fait que commencer », *RLDI* 1er nov. 2016, n° 131 ; A. Favreau, « Mort numérique : précisions sur la nature et le régime

En premier lieu, ce droit est d'abord articulé autour de la volonté du *de cujus*, libre de définir, avant sa mort, ses « directives anticipées » relatives à la conservation, à l'effacement ou à la communication de ses données à caractère personnel. Ainsi deux options sont-elles proposées par l'article 85 de la LIL.

D'un côté, et selon l'article 85 I, toute personne peut définir des directives de son vivant, soit de façon générale, pour toutes ses données personnelles, soit de façon particulière, pour certaines d'entre elles seulement. Dans le détail, ces directives doivent contenir, d'une part, la manière dont la personne entend que soient exercés ses droits à sa mort, c'est-à-dire ses droits mentionnés au chapitre 2 du titre 2 de la LIL[26], et, d'autre part, doivent contenir la désignation de la personne chargée de prendre connaissance et d'exécuter ces directives, laquelle peut être librement désignée par le *de cujus*, à défaut de quoi ses « héritiers » (sans autre précision du texte[27]) auront qualité pour prendre connaissance et exécuter ses directives. Le *de cujus* est en outre libre d'interdire à ses héritiers d'exercer les droits précités, par une sorte d'exhérédation numérique.

D'un autre côté, l'article 85 II de la LIL prévoit la situation (vraisemblablement dominante) où le *de cujus* n'aurait pas pris de directives anticipées. En ce cas, ses « héritiers » (sans autre précision encore[28]) peuvent exercer à son décès les droits précités, sous deux réserves : d'une part, ils ne le peuvent que « dans la mesure nécessaire » à l'organisation et au règlement de la succession, et notamment pour obtenir « la communication *[sic]* des biens numériques ou des données s'apparentant à des souvenirs de famille » ; et, d'autre part, ils ne le peuvent que « dans la mesure nécessaire » à la clôture des comptes utilisateurs du *de cujus*, à l'arrêt du traitement de ses données ou à leur mise à jour[29]. Les prérogatives des héritiers sont donc hautement encadrées en ce domaine, et leur « saisine numérique » sévèrement limitée, à raison, précisément, du caractère personnel des données concernées.

Aussi le droit des données à caractère personnel constitue-t-il un droit dérogatoire et original, couronnant la mosaïque du droit de la protection des

---

du contrôle *post mortem* des données à caractère personnel collectées », *RLDI* 1er déc. 2016, n° 132 ; F. Bicheron, art. préc., n°s 13 s. ; 117e Congrès des notaires de France, *op. cit.*, n°s 1470 s. ; B. Vareille (dir.), *Successions Libéralités 2022*, *op. cit.*, n°s 26505 s. ; T. Douville, « Les données à caractère personnel : approche théorique », in *L'hérédité numérique. Regards croisés*, *op. cit.*, p. 59. Comp. F. P. Patti, « Héritage numérique et protection des données *post mortem* en Italie », in *L'hérédité numérique. Regards croisés*, *op. cit.*, p. 89.

26. À savoir ses droits d'information, d'accès, de rectification, d'effacement, de limitation du traitement, de notification, de portabilité et d'opposition.

27. Sur ce point : C. Pérès, art. préc., n° 12 ; 117e Congrès des notaires de France, *op. cit.*, n° 1478 ; A. Maisonnier, R. Dupuis-Bernard et H. Létinier, « L'incidence de la mort physique sur les données numériques : que faire de ses données ? », *JCP N* 10 sept. 2021, n° 36, 1278, n° 8.

28. *Ibid.*

29. Pour ce faire, les héritiers doivent alors produire devant les responsables du traitement des données concernées soit un acte de notoriété, soit un livret de famille ; décret n° 2019-536 du 29 mai 2019, art. 124.

données numériques après la mort, par un droit d'innovation, jurant avec le droit d'acculturation des données à caractère patrimonial.

Or si ce droit mosaïque constitue en un certain sens une richesse, par sa propension à saisir avec nuances et subtilités les suites du décès des individus dans la diversité des éléments de leur patrimoine, ce droit constitue en un autre sens une faiblesse, dans la mesure où la multitude des notions et des régimes en découlant est à l'origine de certaines difficultés de conciliation, d'ordre tout autant théorique que pratique.

II. UN DROIT PROBLÉMATIQUE

Les difficultés résultant de l'éclatement du régime de la protection des données numériques après la mort sont à la fois d'ordre abstrait et concret. En la matière en effet, plusieurs philosophies s'opposent, tantôt individualistes, tantôt familiales, dont la confrontation donne lieu à certaines difficultés de conciliation théorique (A) et pratique (B).

A. LES DIFFICULTÉS DE CONCILIATION D'ORDRE THÉORIQUE

Les problèmes théoriques engendrés par la confrontation des régimes de protection des données numériques après la mort, propres aux données patrimoniales et à celles personnelles, s'observent particulièrement sur deux points : celui du droit à la vie privée *post mortem* (1), et celui des souvenirs de famille, notion visée par la loi pour une République numérique[30] (2). En ces domaines en effet, la légitimité des règles vacille sous l'effet des forces contraires du monde physique et du monde numérique.

1. L'exacerbation du droit à la vie privée

Les règles relatives à la protection des données à caractère personnel après la mort sont à l'origine d'un surprenant hiatus, amenant à conférer une double portée au droit à la vie privée dans le monde physique et dans le monde numérique[31].

---

30. Loi n° 2016-1321 du 7 oct. 2016, art. 40-1-III : « III.- En l'absence de directives ou de mention contraire dans lesdites directives, les héritiers de la personne concernée peuvent exercer après son décès les droits mentionnés à la présente section dans la mesure nécessaire :
– à l'organisation et au règlement de la succession du défunt. À ce titre, les héritiers peuvent accéder aux traitements de données à caractère personnel qui le concernent afin d'identifier et d'obtenir communication des informations utiles à la liquidation et au partage de la succession. Ils peuvent aussi recevoir communication des biens numériques ou des données s'apparentant à des souvenirs de famille, transmissibles aux héritiers ; [...] ».

31. V. F. Rochelandet, *Économie des données personnelles et de la vie privée*, *op. cit.*, p. 21 ; L. Castex, « Les éternités numériques : un essai d'analyse prospective », *RLDI* 1er mai 2016, n° 126 ; C. Bordes, art. préc.

Comme on le sait, le droit à la vie privée intègre les droits de la personnalité, incessibles et intransmissibles à cause de mort, et ne pouvant perdurer *post mortem*[32]. Le décès constaté, le droit à la vie privée du défunt cesse avec lui, les vivants primant alors les morts en la matière.

Or cette primauté du droit à la vie privée (et à l'information) des vivants sur celui des morts dans le monde physique semble étonnamment s'inverser dans le monde numérique, par un retournement de perspectives des plus surprenants. Précisons là encore le propos.

En présence de directives anticipées du *de cujus* relatives au devenir de ses données à caractère personnel après sa mort, ce dernier peut purement et simplement priver, nous l'avons dit, ses héritiers de tout accès à ces données, soit indirectement, en désignant un tiers chargé d'exécuter ses dernières volontés en leur lieu et place, soit directement, en leur interdisant d'accéder à ses comptes personnels. En ce cas, le *de cujus* est donc en mesure, par le truchement de ses directives anticipées, d'interdire à ses héritiers d'accéder à sa vie privée numérique passée[33], et particulièrement à ses correspondances numériques, lesquelles peuvent pourtant être parfois nécessaires au règlement de sa succession, voire au-delà, nécessaires à la découverte d'une histoire familiale, potentiellement contenue dans des comptes de réseaux sociaux ou des comptes de messagerie en ligne, devenus inaccessibles à ses héritiers.

Or cette situation est des plus discutables pour au moins deux raisons. D'une part, elle fait primer la vie privée de celui qui n'est plus sur celle de ceux qui sont[34]; les morts priment les vivants[35]. D'autre part, elle crée un hiatus dans l'appréhension de certains éléments composant la succession du défunt entre le monde physique et le monde numérique[36], en autorisant l'accès à ces éléments dans le premier, tout en l'interdisant dans le second.

Illustrons le propos, en imaginant qu'une personne ait consigné dans un journal intime les clefs de cryptage privées de quelques-unes de ses cryptomonnaies, et l'existence d'un enfant adultérin, ce dont aucun membre de la famille n'avait alors connaissance. Dans le monde physique, nul ne viendrait contester, si ce n'est sur le plan moral, le droit des héritiers de prendre connaissance du contenu de ce journal, de s'en saisir matériellement, de le lire et de découvrir ainsi les secrets du défunt, dont certains peuvent d'ailleurs être nécessaires au règlement de la succession comme à la protection des droits des héritiers. Mieux, même si ce journal intime était contenu dans un

32. V. J.-C. Saint-Pau, « V° Jouissance des droits civils. Droit au respect de la vie privée. Définition conceptuelle du droit subjectif », *J.-Cl. Civil Code*, art. 9, fasc. 10, 2016, n°s 37 s.

33. Sur cette vie privée particulière : 117e Congrès des notaires de France, *op. cit.*, n°s 1058 s.

34. Rappr., not. : C. civ., art. 16-11, selon lequel l'identification d'une personne par ses empreintes génétiques ne peut être réalisée après sa mort, sauf accord exprès de celle-ci exprimé de son vivant.

35. V. L. Castex, E. Harbinja et J. Rossi, art. préc.

36. V. C. Pérès, art. préc., n° 9.

coffre-fort, nul ne refuserait de l'ouvrir et de remettre ce journal aux héritiers, au nom du droit à la vie privée du défunt[37].

Or dans le monde numérique, le droit positif peut potentiellement conduire à la solution inverse, en présence de directives anticipées du *de cujus* ordonnant l'effacement de ses différents comptes en ligne, où serait logé son journal intime. Comme l'indique l'article 85 II de la LIL, si les héritiers peuvent exercer après le décès de l'individu les droits mentionnés au chapitre II du titre II de cette loi, et ce « dans la mesure nécessaire à l'organisation et au règlement de la succession », ce n'est qu'« en l'absence » « de mention contraire dans ces directives ».

Par un surprenant retournement de perspectives, le droit à la vie privée du défunt en devient donc protégé au-delà de sa mort, en primant même et de surcroît les droits de ses propres héritiers[38].

Or, on ne voit pas bien en quoi le caractère numérique des données à caractère personnel devrait ainsi transfigurer leur régime[39], en faisant accéder la volonté du défunt (et partant sa vie privée) à une sorte de sacralité *post mortem*, susceptible de porter atteinte à la fois aux droits patrimoniaux des héritiers (en les empêchant d'accéder à certaines données du défunt), comme à leurs droits extrapatrimoniaux (en les empêchant de prendre connaissance, notamment, des correspondances du défunt, de sa vie privée, et donc de leur vie privée[40]), ce dont, une fois encore, nul ne discute véritablement en présence de correspondances physiques. La lecture des documents personnels du défunt n'est-elle d'ailleurs pas l'un des premiers conseils des notaires donnés aux successeurs pour leur permettre d'appréhender au mieux le règlement de la succession ?

Autrement dit, ce schisme entre le monde physique et le monde numérique, consécutif à la mise en œuvre de l'article 85 de la LIL, peine à convaincre en droit comme en fait, en remettant frontalement en cause le principe de continuation de la personne du défunt par ses héritiers, et la philosophie même du droit des successions. Or tel est le résultat de la mise en œuvre de la LIL, si d'aventure le défunt venait à prendre de telles directives[41].

37. V. toutefois : Civ. 1re, 11 juin 1980, à propos d'un exécuteur testateur chargé de détruire des papiers personnels.
38. Comp. sur un point connexe suscitant des difficultés d'un autre ordre : dossier « La représentation numérique de la personne par l'avatar », *Dalloz IP/IT* 2023. 202.
39. *Contra* : A. Favreau, « Mort numérique : précisions sur la nature et le régime du contrôle *post mortem* des données à caractère personnel collectées », art. préc. ; de la même auteure, « Mort numérique en Allemagne : interrogations sur la transmissibilité du contrat de fourniture de services de réseaux sociaux », *RLDC* 1er nov. 2017, n° 153.
40. Comme le souligne le 113e Congrès des notaires de France, nombre de ces données « sont d'une valeur et d'une importance durables. Elles constituent un patrimoine (en langues différentes, dans des domaines de connaissances variés) à protéger et à préserver pour les générations actuelles et futures » ; 113e Congrès des notaires de France, *op. cit.*, n° 3309.
41. Contestant cette solution : C. Pérès, art. préc., n° 12 ; C. Béguin-Faynel, art. préc., p. 98 ; F. Bicheron, art. préc., n° 22. Comp. Civ. 1re, 5 avr. 2012, n° 11-14.177, *Dr. fam.* 2012, n° 159, obs. M. Nicoletti, *CCE* 2012, n° 83, obs. A. Lepage, *D.* 2012. 2826, obs. D. Brezner. Arguments additionnels : CE 29 juin 2011, n° 339147 ; CE 7 juin 2017, n° 399446. Comp. G. Christandl, « La

Cela étant, les questionnements théoriques consécutifs à cette loi pour une République numérique ne s'arrêtent pas là, dans la mesure où celle-ci a malencontreusement consacré une notion venue d'un droit des plus anciens, ou plutôt de l'Ancien droit : les souvenirs de famille.

2. La dénaturation de la notion de souvenirs de famille

La loi pour une République numérique a consacré en 2016 la notion de souvenir de famille, au terme d'une transposition tout à fait discutable de celle-ci du monde physique au monde numérique[42].

Les souvenirs de famille, nous le savons, visent ces biens portant en eux l'empreinte du défunt, ou celle d'un aïeul : c'est la décoration militaire d'un grand-père, le précieux pendentif d'une grand-mère, le portrait de famille des arrière-grands-parents, ou encore le tableau des illustres ancêtres. Bref, les souvenirs de famille visent tous ces biens particuliers constitutifs de « la mémoire de la famille[43] », du « musée familial[44] », et qui échappent de ce fait aux règles de la dévolution normale des successions, afin d'être confiés, « à titre de dépôt[45] », à celui des membres de la famille le plus apte à les conserver : à savoir et généralement, l'aîné de la famille[46], en écho à l'ancien privilège de primogéniture (étrange survivance du passé !).

Or cette notion et ce régime si particuliers des souvenirs de famille ont été, malencontreusement selon nous, consacrés par la loi pour une République numérique.

Comme nous l'avons vu, en effet[47], l'article 85 II de cette loi dispose que les héritiers de la personne décédée sont en droit de « recevoir communication [...] des données s'apparentant à des souvenirs de famille, transmissibles aux héritiers ». On comprend ici l'idée poursuivie par le législateur : à défaut de directive anticipée contraire du *de cujus*, ses héritiers pourront « recevoir communication » (la formule est étrange[48]), des publications du défunt postées sur son profil Facebook ou sur son compte Instagram, de ses enregistrements sonores, visuels ou audiovisuels, ou encore de ses correspondances numériques entretenues *via* ses comptes de messagerie en ligne.

---

transmission des comptes *Facebook*, *Instagram*, *iCloud*, etc., en Allemagne et en Autriche », in *L'hérédité numérique. Regards croisés*, *op. cit.*, p. 77 et spéc. p. 81 s.

42. V. not. : R. Demogue, « Les souvenirs de famille et leur condition juridique », *RTD civ.* 1928. 27 ; J.-F. Barbièri, « Les souvenirs de famille : mythe ou réalité juridique ? », *JCP N* 2 août 1985, n° 31, 100926 ; TGI Paris, 1re ch., 1re sect., 29 juin 1988, *JCP* 31 mai 1989, n° 22. II. 21240, note J.-F. Barbièri.
43. P. Malaurie et C. Brennet, *Droit des successions et des libéralités*, 8e éd., LGDJ, 2018, n° 33.
44. *Ibid.*
45. Civ. 1re, 21 févr. 1978, n° 76-10.561, *D.* 1978. 505, note R. Lindon, *JCP* 1978. II. 18836, concl. contr. Gulphe, *Defrénois* 1978. 866, obs. G. Champenois.
46. Req. 30 juin 1942, *DA* 1943. 3, *JCP* 1943. II. 2254, note R. Savatier.
47. V. *supra*, I. B.
48. En ce sens : A. Maisonnier, R. Dupuis-Bernard et H. Létinier, art. préc., n° 5 ; T. Douville, « Les données à caractère personnel : approche théorique », art. préc., n° 13.

Cependant, pourquoi donc convoquer ici cette notion de souvenirs de famille, alors même que celle-ci comme son régime ont été intégralement pensés en raison d'un élément central et absent du monde numérique : leur corporalité ?

En effet, si la jurisprudence a créé cette notion et ce régime de toutes pièces, c'est parce qu'elle souhaitait faire échapper ces biens aux règles de la dévolution normale des successions, et permettre leur conservation par un membre déterminé de la famille, non nécessairement héritier successible (et devant d'ailleurs accorder un droit d'accès à ces souvenirs aux membres de sa famille). C'est autrement dit la corporalité même de ces biens, leur impossible partage, qui a justifié l'avènement de cette notion et de ce régime.

Or dans le monde numérique, le recours à cette notion et ce régime ne présente guère d'utilité[49]. Une photographie représentant le défunt serait-elle contenue sur une page ou un compte en ligne ? Il suffira de l'enregistrer pour la partager entre tous ses héritiers, sans même atteindre sa substance. Un échange de courriels aurait-il eu lieu entre le défunt et son prétendu père ? Un « transférer à » suffira à partager ces courriels entre tous ses héritiers, là aussi, sans atteindre leur substance. Et l'on pourrait multiplier les illustrations à l'envi.

Aussi ne voit-on pas l'intérêt même du recours à la notion de souvenirs de famille en ce domaine, sauf à considérer, avec un auteur, que « cette qualification n'est mobilisée que pour ouvrir le droit à la communication [de ces] données, et non pour son régime[50] ».

De surcroît, si la loi précise que les héritiers ne peuvent exercer les droits de la personne décédée que « dans la mesure nécessaire à l'organisation et au règlement de la succession du défunt », comment pourront-ils faire autrement que de parcourir l'intégralité des données du défunt pour mettre à jour ces souvenirs de famille[51] ? Ce « dans la mesure du nécessaire » se transformera, fatalement et pragmatiquement, en une consultation intégrale des données à caractère personnel du défunt, car admettre l'inverse reviendrait à vider de sa substance ce droit de communication des souvenirs de famille, faute de pouvoir prendre connaissance de leur existence.

Aussi les maladresses de cette loi semblent donc, à bien des égards, écrasantes, soulignant en cela l'absence d'appréhension authentiquement « successorale » de la transmission des données à caractère personnel à cause de mort, comme si cette transmission avait été pensée sous le seul prisme du droit à la vie privée des personnes concernées *de leur vivant*, en occultant à cette occasion les nécessités théoriques comme pratiques du droit des successions[52].

---

49. En ce sens : C. Béguin-Faynel, art. préc., p. 102 s. ; 117e Congrès des notaires de France, *op. cit.*, n° 1476.

50. T. Douville, « Les données à caractère personnel : approche théorique », art. préc., n° 6.

51. En ce sens : C. Béguin-Faynel, art. préc., p. 95 ; T. Douville, « Les données à caractère personnel : approche théorique », art. préc., n° 6.

52. C'est pourquoi l'on s'associera pleinement aux propos de Mme Cécile Pérès, plaidant pour « que le sort des biens numériques du défunt soit, dans la mesure du possible, exactement calqué sur celui qui est traditionnellement réservé à ses autres biens », là où « la lecture

Et c'est d'ailleurs sur ces difficultés de conciliation purement pratiques de ce droit mosaïque qu'il convient de conclure.

B. LES DIFFICULTÉS DE CONCILIATION D'ORDRE PRATIQUE

Plusieurs difficultés d'ordre pratique sont en mesure de se poser à l'occasion de la transmission des données numériques à cause de mort, venant ainsi grossir les difficultés générées par la confrontation des différentes pièces de ce droit mosaïque.

Tout d'abord, et comme cela a été maintes et maintes fois dénoncé, le droit des données à caractère personnel demeure un droit inachevé, en ce sens où si la loi prévoit la possibilité de désigner « un tiers de confiance certifié par la CNIL » comme exécuteur de ses dernières volontés, et de faire consigner ces dernières volontés dans « un registre unique dont les modalités et l'accès sont fixés par décret en Conseil d'État », aucune certification de tiers de confiance n'a à ce jour eu lieu, ni aucun registre créé, faute de décret publié sur ce point, et ce plus de sept ans après la promulgation de la loi pour une République numérique[53].

La chose est en cela éminemment problématique, dans la mesure où les droits conférés aux individus sur le devenir de leurs données numériques constituent en vérité, et à tout le moins pour les directives générales sur les données à caractère personnel, un droit chimérique, faute de décret d'application. Certes, les notaires pourront parfaitement recueillir lors de l'établissement d'un testament ces dernières volontés, mais, faute de décret (et même si le législateur avait précisément en tête de conférer cette qualité de tiers de confiance aux notaires lors de la discussion de la loi), le problème de la portée à conférer à ces directives anticipées se posera.

Ensuite, cette loi ne laissera pas d'étonner sur un autre point. Car comment fera-t-on, concrètement, lorsqu'un héritier saura que le défunt disposait par exemple de cryptomonnaies, mais que le responsable du traitement des données refusera de lui donner accès aux comptes du défunt (où celui-ci avait stocké sa clef de cryptage privée), au motif que des directives en ce sens lui auront été données par le *de cujus*[54]. De nouveau, cette volonté des morts pourra-t-elle primer les droits des vivants et, ce faisant et potentiellement les droits à réserve des descendants ou du conjoint survivant ? Cette interrogation illustrera à nouveau le conflit qui pourra exister en ce cas entre le droit de la protection des données à caractère personnel et le droit des successions, voire le droit de la protection des données à caractère personnel et le droit des biens ou de la propriété intellectuelle.

---

personnaliste des données, qui ne relèvent pas toutes de la sphère personnelle de l'intime, empêche d'appréhender la question de façon plus globale » ; C. Pérès, art. préc., n° 12.

53. V. A. Maisonnier, R. Dupuis-Bernard et H. Létinier, art. préc., n° 24.

54. V. G. Brunaux, art. préc., n° 16.

Et d'autres travers de ce droit mosaïque pourraient encore être égrenés sur le plan pratique, précédemment soulignés en doctrine[55].

En définitive, l'étude de la protection des données numériques après la mort pourrait donc décevoir. Car si certains salueront les capacités d'acculturation du droit des biens et de la propriété intellectuelle en ce domaine, d'autres regretteront, peut-être, les problèmes générés par le droit des données à caractère personnel dans sa confrontation au droit des successions.

55. Pour d'autres critiques d'ordre pratique : 117e Congrès des notaires de France, *op. cit.*, nos 2843 s., G. Brunaux, art. préc., n° 11.

La donation d'actifs numériques

ORIANNE VERGARA
Maitresse de conférences en droit privé,
Université de Franche-Comté (CRJFC - UR 3225)

1. *Actifs numériques.* – Les actifs numériques sont assurément des biens nouveaux dont l'existence n'aurait pas pu être imaginée par les rédacteurs du Code civil de 1804. Ils font pourtant désormais partie de notre quotidien. Si l'appropriation du numérique est parfois mise à l'épreuve parce qu'il porte sur des droits subjectifs extrapatrimoniaux ou en raison de la précarité de certains droits numériques, elle est également éprouvée, comme il a été démontré précédemment[1]. « Si certains actifs numériques peinent à accéder à la pleine patrimonialité », il est néanmoins acquis que l'appropriation du numérique est admise, qu'il s'agisse de biens numériques « purs » ou de titre numériques[2].

Même si des difficultés s'élèvent quant à leur qualification, les actifs numériques peuvent être rattachés à la catégorie des biens incorporels. La patrimonialité des choses incorporelles ne fait plus véritablement débat aujourd'hui, et il est admis qu'elles peuvent être transmises, à titre onéreux mais encore à titre gratuit. Les choses incorporelles sont une catégorie de biens particulièrement hétérogènes qui ne relèvent pas d'un régime unique. Parlant des biens intellectuels, William Dross a relevé que « le droit positif appréhende la réalité qu'offrent les biens intellectuels avec autant de difficulté que de pragmatisme. Renonçant à en donner une définition qui ambitionnerait d'en saisir l'essence commune, la loi se contente d'échafauder, au fur et à mesure que les revendications se font trop pressantes, un régime original d'appropriation[3] ». La remarque est certainement tout aussi fondée s'agissant des biens numériques. Pragmatique, le législateur a défini les actifs numériques dans le Code monétaire et financier mais n'a pas élaboré un véritable régime

1. V. *supra*, K. Lafaurie, « À la recherche d'une définition du patrimoine numérique. Regards du juriste ».
2. *Idem.*
3. W. Dross, *Droit des biens*, 3e éd., LGDJ, coll. « Domat Droit privé », n° 429, p. 367, 2017.

propre. Il faudra donc tenter d'appréhender les actifs numériques au regard des règles existantes.

2. *Dispositions légales.* – La loi Pacte du 22 mai 2019[4] a fourni une liste d'actifs numériques. Ainsi, l'article L. 54-10-1 du Code monétaire et financier précise que « les actifs numériques comprennent : 1° Les jetons mentionnés à l'article L. 552-2, à l'exclusion de ceux remplissant les caractéristiques des instruments financiers mentionnés à l'article L. 211-1 et des bons de caisse mentionnés à l'article L. 223-1 ; 2° Toute représentation numérique d'une valeur qui n'est pas émise ou garantie par une banque centrale ou par une autorité publique, qui n'est pas nécessairement attachée à une monnaie ayant cours légal et qui ne possède pas le statut juridique d'une monnaie, mais qui est acceptée par des personnes physiques ou morales comme un moyen d'échange et qui peut être transférée, stockée ou échangée électroniquement ». Sans avoir véritablement défini les actifs numériques, le législateur a donc identifié au moins deux types d'actifs numériques : les jetons et les cryptomonnaies.

3. *Actifs numériques : jetons et cryptomonnaies.* – Il existe en réalité une grande diversité des actifs numériques qui ne font pas l'objet d'un régime uniforme. La présente contribution se limitera à l'étude des actifs numériques tels qu'envisagés par la loi Pacte du 22 mai 2019, à savoir les jetons et cryptomonnaies. Ces actifs numériques sont susceptibles d'appropriation et de valorisation et peuvent être transmis à titre onéreux comme à titre gratuit.

4. *Donations d'actifs numériques.* – En matière de donation, il n'existe pas, dans le Code civil, de dispositions particulières relatives aux actifs numériques. La réflexion doit donc être conduite à partir du droit commun des donations. En principe, les donations doivent répondre aux exigences formelles déterminées par le Code civil. Ainsi, pour être valable une donation doit être réalisée en la forme authentique[5]. Par exception, la validité de certaines libéralités entre vifs a été admise. Il en va ainsi des dons manuels reposant sur un simple transfert matériel. Le don manuel a, au cours du temps, connu une importante croissance. Aujourd'hui, l'essentiel des transmissions à titre gratuit est réalisé sous la forme d'un don manuel ou d'une donation authentique. Les actifs numériques paraissent alors pouvoir en être l'objet.

5. *Don manuel et donation authentique d'actif numériques : quelle préférence ?* – De prime abord, la simplicité et la facilité du don manuel semblent en faire l'instrument privilégié de la transmission à titre gratuit des actifs numériques. Toutefois, cette faveur n'est qu'apparente (I). Aussi, la forme authentique de la donation semble emporter la préférence afin, notamment, de mieux

4. Loi n° 2019-486 du 22 mai 2019.
5. C. civ., art. 931.

sécuriser l'opération (II). Là encore, cette préférence n'est que relative en raison de la nature des actifs numériques. En effet, à la lumière des difficultés rencontrées tant en matière de don manuel que de donation authentique, on se demande finalement si la nature singulière des actifs numériques ne rend pas simplement inopportune leur transmission à titre gratuit.

I. LA FAVEUR APPARENTE DU DON MANUEL D'ACTIFS NUMÉRIQUES

6. Le mode de détention et la circulation des actifs numériques font du don manuel le moyen le plus adapté à la transmission à titre gratuit de ces biens (A). Toutefois, les particularités de ces actifs impliquent un certain nombre de difficultés (B). La faveur pour le don manuel ne serait alors qu'apparente.

A. LA SIMPLICITÉ DU DON MANUEL D'ACTIFS NUMÉRIQUES

7. *Circulation des actifs numériques.* – Les jetons comme les cryptomonnaies n'ont pas d'existence matérielle. Les uns comme les autres ont la particularité de ne pas être représentés par un titre ou une inscription en compte. Ils relèvent de techniques cryptographiques qui permettent de les identifier. La circulation des jetons et des cryptomonnaies est conçue comme devant s'affranchir d'un maximum d'intermédiaire pour faciliter la circulation des actifs. À l'origine, par exemple, le *bitcoin* a été créé pour réaliser des transferts d'argent entre deux personnes sans faire intervenir une quelconque autorité ou institution financière jouant le rôle du tiers de confiance. Les autres cryptomonnaies, qu'elles soient ou non stockées sur une *blockchain*, obéissent pour l'heure au même principe. La circulation des actifs numériques a ainsi lieu directement d'un portefeuille à l'autre sans passer par un intermédiaire, en particulier bancaire.

8. *Modalités de détention et des actifs numériques.* – Tous les actifs numériques sont détenus par l'intermédiaire d'un portefeuille *(wallet)* qui peut prendre des formes variables. Le portefeuille peut être directement détenu par le propriétaire mais également par l'intermédiaire d'une plateforme. Dans le portefeuille figurent des clés auxquelles les membres d'un réseau reconnaissent le pouvoir d'associer un nombre d'unités.

Le système repose sur un couple clé privée-clé publique. La clé privée et une signature alphanumérique détenue par son seul titulaire. C'est elle qui donne accès au portefeuille et permet à son titulaire d'effectuer des transactions. À partir de cette clé privée, une deuxième signature est déduite, appelée clé publique. Cette dernière permettra ensuite de générer une adresse. Pour détenir des cryptomonnaies, il faudra communiquer cette adresse à la personne de laquelle on attend un versement. Celle-ci pourra alors initier un versement à l'aide de sa clé privée, versement qui sera lui-même accepté par le destinataire à l'aide de sa propre clé privée. C'est donc la simple détention de la clé privée qui permettra la détention et la transmission des actifs numériques.

La circulation et la détention des actifs numériques se caractérisent donc par leur simplicité et leur échange direct, sans intermédiaire. Le don manuel, quant à lui, présente des caractéristiques similaires puisqu'il est informel et se passe d'intermédiaire.

9. *Validité du don manuel d'actifs numériques.* – Le don manuel est classiquement défini comme une donation de bien meuble corporel, réalisée par une tradition, c'est-à-dire par la remise effective « de la main à la main » par le donateur au donataire. La validité du don manuel a été reconnue de longue date même si le Code civil ne prévoit pas de disposition particulière relative à ce type de donation. Tous les biens meubles corporels sont susceptibles d'être transmis par un don manuel, exception devant être faite de certains meubles soumis à publicité[6]. Il va de soi que les dons manuels ne peuvent s'appliquer qu'aux choses mobilières et non aux immeubles.

La tradition est en principe exigée pour la validité du don manuel mais, compte tenu de la dématérialisation croissante des biens, la jurisprudence a opté pour une extension de la notion de tradition réelle. Ainsi, il a notamment été admis la validité du don manuel d'argent par une remise de chèque[7] ou encore par virement[8] dès lors que le dessaisissement est irrévocable. Il a également été jugé que les titres dématérialisés peuvent être transmis par virement de compte à compte[9].

En matière de cryptoéconomie, le don manuel doit donc certainement pouvoir être admis. Le don manuel d'actifs numériques pourra alors avoir lieu sous deux formes : soit par virement entre le portefeuille du donateur et du donataire (qui aura au préalable créé son propre portefeuille), soit par la remise de la clé privée du portefeuille par le donateur. La validité d'un tel don ne paraît pas pouvoir être véritablement discutée. Du point de vue de l'objet du don manuel, il pourra porter sur le portefeuille lui-même, en cas de remise de la clé privée du donateur, ou seulement sur certaines unités du portefeuille, en cas de virement.

En tout état de cause, les modalités de détention et de transfert des actifs numériques et le don manuel ont ceci de commun qu'ils sont informels et se passent d'intermédiaire semblant faire du second l'instrument privilégié de la transmission à titre gratuit des actifs numériques.

6. Tels que les navires, bateaux et aéronefs.

7. Civ. 1re, 4 nov. 1981, n° 80-12.926, *Bull. civ.* I, n° 327, *Defrénois* 1982. 1378, obs. Champenois, *RTD civ.* 1982. 781, obs. Patarin.

8. Civ. 1re, 12 juill. 1966, *Bull. civ.* I, n° 424, *D.* 1966. 614, obs. J. Mazeaud.

9. Com. 19 mai 1998, n° 96-16.252, *Bull. civ.* IV, n° 161, *JCP N* 1998, n° 47, p. 1663, note H. Hovasse.

B. LES DIFFICULTÉS DU DON MANUEL D'ACTIFS NUMÉRIQUES

10. Certains risques sont inhérents au don manuel quel que soit l'objet du don. Le don manuel d'actifs numériques n'y fait pas exception. Toutefois, certains risques se présentent avec plus d'intensité lorsque le don manuel porte sur des actifs numériques.

11. *Difficultés tenant à la preuve du don manuel.* – De manière générale, la preuve du don manuel peut être difficile à rapporter. Cette difficulté est aggravée en matière d'actifs numériques. En effet, la particularité des systèmes de transactions d'actifs numériques est qu'elles se passent de « tiers de confiance » et qu'elles sont en principe pseudonymes ne permettant pas de relier un nom à une personne. Par ailleurs, la consultation des fichiers FICOBA et FICOVIE ne permet pas de recenser des actifs numériques. Par suite, la preuve de l'existence des transactions d'actifs numériques est alors rendue d'autant plus difficile[10] tout comme l'est l'identification des parties au don manuel.

12. *Difficultés potentielles liées à l'objet du don manuel : la* tokenisation *des actifs immobiliers.* – S'agissant de l'identification de l'objet de la donation, une réflexion peut être envisagée en droit prospectif relativement à la *tokenisation* des actifs immobiliers. Le processus de *tokenisation* vise à inscrire un actif et ses droits sur un jeton *(token)* qui est ensuite intégré à la *blokchain* ou DEEP (dispositif d'enregistrement électronique partagé). L'objectif général de la *tokenisation* est de rendre plus liquides les actifs et de faciliter certains types de financement. Les actifs immobiliers font l'objet d'une *tokenisation* permettant ainsi de rendre plus liquides les droits immobiliers.

La *tokenisation* des actifs immobiliers nécessite de déterminer ce que le jeton représente. Les possibilités sont nombreuses. Par exemple, un jeton pourrait représenter la propriété de l'actif immobilier sous-jacent ou le droit à percevoir des revenus fonciers générés par un actif immobilier ou encore la propriété d'une part de fonds immobilier, c'est-à-dire une part de la structure qui, elle-même, possède l'actif immobilier[11].

Lorsque la *tokenisation* porte sur des titres, aucune difficulté particulière ne se pose, et le don manuel de ces tokens doit être admis, puisqu'en réalité ce qui est *« tokenisé »*, ce sont les parts des sociétés détenant les immeubles et non les biens immobiliers eux-mêmes.

En revanche, si on envisage de *tokeniser* directement le droit de propriété, le jeton représente alors une part de propriété d'un bien immobilier. En

---

10. V. 117e Congrès des notaires de France, *Le numérique, l'homme et le droit. Accompagner et sécuriser la révolution digitale*, Nice, 2021, nos 2845 s., p. 532 s.
11. T. Verbiest et D. Richebourg, « *Blokchains* et financement de l'immobilier. La *"tokenisation"* des actifs immobiliers », *AJDI* 2019. 2019.

France, la *tokenisation* des droits réels est en réalité bien plus complexe compte tenu des règles cadastrales et de publicité foncière. La *tokenisation* ne saurait permettre, pour l'heure, de s'affranchir des règles d'opposabilité du transfert de la propriété immobilière.

Néanmoins, de manière prospective, ces règles pourraient être révisées à la faveur du privilège de la *tokenisation* des actifs immobiliers. Des propositions sont d'ores et déjà faites en ce sens[12]. Partant, la question qui doit être posée est celle du don manuel de jetons représentant une quote-part de propriété immobilière. Pour l'heure, la validité d'un tel don[13] ne peut pas être admise au regard des règles de la propriété foncière. Toutefois, la révolution qu'engendrerait la *tokenisation* de la propriété immobilière impliquerait sans doute de reconnaître la validité du don manuel de propriété immobilière alors même qu'elle est traditionnellement écartée.

13. *Risques liés à la disparition des actifs numériques.* – Le risque de disparition d'un bien ayant fait l'objet d'un don manuel n'est pas propre aux actifs numériques. Toutefois, ce risque est accru en raison de la dépendance de l'existence de ces biens à la technologie.

En effet, comme il a été rappelé, les actifs numériques sont détenus par leur propriétaire par l'intermédiaire d'un portefeuille[14]. En cas de virement d'un portefeuille à l'autre, il faut s'assurer que le portefeuille du donataire est compatible avec les actifs reçus du donateur puisque chacun a sa propre *blockchain*. Cette vérification doit avoir lieu avant le transfert car en cas d'incompatibilité, les actifs numériques seront à jamais perdus. Dans ce cas le don manuel ne saurait exister faute d'enrichissement du donataire.

La pérennité des actifs numériques est également en question en raison de leur évanescence ou de leur obsolescence possible[15]. En effet, la pérennité des actifs numériques n'est pas nécessairement assurée puisque leur existence et leur accès sont toujours dépendants d'une technologie qui n'appartient pas au titulaire de l'actif numérique. L'abandon de ladite technologie par l'exploitant est alors susceptible de faire disparaître le bien[16] ce qui peut également poser des difficultés.

14. *Évaluation et volatilité des actifs numériques.* – Le Code civil ne fixe en la matière aucune règle spécifique pour l'évaluation des actifs numériques donnés. Il y a donc lieu d'en tenir compte au moment du règlement de la succession et de leur appliquer les règles de droit commun[17]. S'agissant

12. F. Fressiney, *Immobilier 3.0*, rapport mai 2022.
13. À l'instar d'une cession à titre onéreux.
14. Géré directement par le détenteur du portefeuille ou par l'intermédiaire d'une plateforme.
15. V. *supra*, K. Lafaurie, préc.
16. G. Goffaut Callebaut et F. Burneau, « La transmission des œuvres d'art numériques », *JCP N* 2022, n° 6, p. 43 s.
17. C. civ., art. 843 s. pour les règles du rapport, art. 922 s. pour les règles de la réduction.

de l'évaluation des cryptomonnaies, un doute pouvait exister en raison du choix du nom de ces biens. En effet, il convenait de se demander si l'article 860-1 du Code civil relatif à la donation de somme d'argent leur était applicable. Si de nombreux débats ont été ouverts sur la qualification des cryptomonnaies[18], il est désormais acquis que les cryptomonnaies ne sont pas considérées comme une monnaie[19] et qu'il y a lieu d'écarter l'application des règles de l'article 860-1 du Code civil. Les actifs numériques donnés seront donc évalués d'après leur état à l'époque de la donation et leur valeur au jour de l'ouverture de la succession, pour la mise en œuvre des règles de la réduction, au jour du partage pour la mise en œuvre des règles du rapport. En cas d'aliénation, il sera tenu compte de la valeur du bien au jour de l'aliénation et en cas de remploi du produit de la vente de ces biens, la subrogation jouera pleinement.

15. La principale difficulté rencontrée en matière d'évaluation des actifs numériques tient à la grande volatilité de certains actifs numériques bien supérieure aux variations de valeurs boursières. En effet, il est systématiquement relevé que certains actifs numériques sont particulièrement volatils. Leur valeur est alors susceptible de varier grandement, à la hausse ou à la baisse, entre le moment de la donation et le décès du donateur, ce qui est susceptible de porter atteinte à la réserve héréditaire. Par ailleurs, comme il a été remarqué précédemment, certains actifs numériques sont même susceptibles de disparaître complètement[20]. La disparition de ces actifs réduirait alors leur valeur à néant. Le risque de disparition ou de fortes variations de la valeur des actifs numériques influence très largement le règlement de la succession et fait courir un risque plus important d'atteinte à la réserve héréditaire.

16. *Conclusion.* – Si le don manuel d'actifs numériques paraît le mode de transmission à titre gratuit le plus facile et le plus adéquat avec le mode de détention de ces biens, il emporte des risques sur lesquels l'attention doit être attirée. L'avantage de la facilité du don manuel est notamment contrecarré par des difficultés tenant à la nature même des actifs donnés. Certaines de ces difficultés paraissent pouvoir être atténuées avec le recours à une donation authentique.

---

18. Pour une étude, v. N. Barbaroux, R. Baron et A. Favreau, « *Blockchain* et finance. Approche pluridisciplinaire », *Dalloz IP/IT* 2020. 125 s.
19. C. mon. fin., art. L. 54-10-1.
20. V. *supra*, n° 22.

II. LA PRÉFÉRENCE RELATIVE DE LA DONATION AUTHENTIQUE D'ACTIFS NUMÉRIQUES

17. Certaines difficultés liées à l'évaluation des actifs numériques semblent pouvoir être atténuées par la réalisation d'une donation authentique (A) qui présente également l'avantage de permettre une meilleure sécurisation des opérations. En effet, l'intervention du notaire permet *a minima* d'informer les parties sur les aléas d'une telle donation et justifie sans doute la préférence pour la donation authentique d'actifs numériques (B).

A. L'ATTÉNUATION PARTIELLE DES DIFFICULTÉS RELATIVES À L'ÉVALUATION DES ACTIFS NUMÉRIQUES

18. Pour pallier la volatilité de certains des actifs numériques, plusieurs propositions peuvent être émises en matière d'évaluation.

19. *Clause de rapport forfaitaire.* – En premier lieu, il peut être envisagé d'insérer une clause de rapport forfaitaire dans l'acte de donation lorsqu'elle a été consentie à un héritier réservataire. L'intérêt d'une telle clause est, en cas d'augmentation de la valeur des actifs numériques donnés, de traiter cette augmentation comme un avantage indirect hors part imputable sur la quotité disponible. La clause de rapport forfaitaire permettrait alors au réservataire gratifié d'éviter la réduction ou, à tout le moins, limiter l'éventuelle part réductible de la donation[21]. Toutefois, cette solution, si elle présente des avantages, ne permet pas de pallier véritablement le problème de la volatilité des actifs numériques concernés par de telles variations.

20. *Donation-partage.* – En deuxième lieu, il peut être envisagé de procéder à une donation-partage des actifs numériques. En effet, aux termes de l'article 1078 du Code civil, la donation-partage permet de fixer la valeur des biens au jour de la donation si bien qu'ils ne seront pas réévalués au décès du donateur. Si la donation-partage règle définitivement la question de l'évaluation des biens, il faut en revanche souligner qu'elle peut être redoutable pour les héritiers si certains reçoivent des actifs numériques dont la valeur a fortement varié alors que d'autres reçoivent des biens dont la valeur est restée stable[22]. À cet égard, sans doute peut-on imaginer que la donation-partage ne porte que sur des actifs numériques de même nature, ainsi, tous

21. R. Dupuis-Bernard et C. Pommier, « La transmission des actifs numériques », *JCP* 2021, n° 51-52, p. 77 ; 117e Congrès des notaires de France, *Le numérique, l'homme et le droit*, *op. cit.*, n° 2838, p. 530.
22. 117e Congrès des notaires de France, *op. cit.*, n° 2838, p. 530.

les héritiers subiront ou profiteront des plus ou moins-values de ces actifs. Il n'est pas certain que cela soit toujours possible eu égard à la composition du patrimoine du donateur, ou même encore satisfaisant pour celui-ci.

21. *Clause de remploi.* – En troisième lieu, il est proposé d'insérer une clause de remploi à la charge du donataire. Le donataire de cryptomonnaies se trouverait dans l'obligation de les échanger contre de la monnaie ayant un cours légal et de remployer les sommes dans un actif de nature moins spéculative[23]. Une telle solution est envisageable. Toutefois, elle ne serait efficace que si le remploi a réellement lieu. En l'absence de remploi, et dans l'hypothèse où la donation n'est pas révoquée pour inexécution des conditions dans lesquelles elle a été consentie, le problème de la valeur des actifs numériques restera entier et le donataire devra subir les potentielles variations de valeur des biens donnés.

22. *RAAR.* – Enfin, la renonciation à l'action en réduction peut présenter un intérêt en cas de donation d'actifs numériques dont la valeur est susceptible de fortement varier. Lorsque la donation d'actifs numériques est consentie à d'autres personnes que des héritiers réservataires, la donation-partage est impossible. Le donataire d'actifs numériques, en cas de forte hausse de la valeur des biens, risquera l'action en réduction des réservataires. Aussi, il peut être envisagé de recourir à la renonciation à l'action en réduction prévue par le Code civil[24] lorsque le donataire d'actifs numériques n'est pas un héritier réservataire du donateur.

L'efficacité de ces dispositifs n'est que partielle et l'extrême volatilité des actifs numériques demeure, dans tous les cas, susceptible d'emporter avec elle les difficultés évoquées.

B. UNE MEILLEURE SÉCURISATION DES OPÉRATIONS DE DONATION PAR L'INTERVENTION DU NOTAIRE

23. Les difficultés liées à l'évaluation des biens peuvent être atténuées avec une donation authentique, en particulier une donation-partage. Toutefois, l'intérêt d'une donation authentique ne réside pas seulement ici. En effet, l'intervention du notaire permet sans doute, comme avec des actifs non numériques, de mieux sécuriser la donation et le règlement de la succession. En particulier, le devoir de conseil du notaire permettra d'attirer l'attention des clients sur les risques accrus du don manuel d'actifs numériques.

24. *Preuve et objet de la donation.* – Si la donation authentique ne saurait régler les risques de disparition des biens numériques, elle est à même de régler les

23. R. Vabres, « La donation de cryptomonnaies », *JCP N* 2019, n° 47, p. 40.
24. C. civ., art. 929 s.

difficultés liées à la preuve de la donation du point de vue tant civil que fiscal. Par ailleurs, du point de vue de l'objet de la donation, l'acte de donation est apte à l'identifier correctement. Il permettra également d'identifier avec certitude les droits transmis[25]. En effet, des doutes peuvent exister en la matière par exemple en matière de donation de NFT *(non fungible token)* d'œuvres d'art pour lesquels il faut identifier l'œuvre transmise ainsi que les droits transmis[26].

25. *Devoir de conseil et d'information du notaire.* – En matière de donation d'actifs numériques, et au-delà de la forme de la donation, c'est surtout l'intervention du notaire qui présente de l'intérêt. En effet, la singularité de la nature des actifs numériques implique des difficultés eu égard à la grande volatilité de ces biens. Si aucun mécanisme ne permet de pallier toutes ces difficultés, l'authenticité de la donation permet de mieux sécuriser l'opération. Par ailleurs, le devoir d'information du notaire permettra aux parties en présence de prendre la mesure des difficultés notamment quant aux risques relatifs aux variations de valeur des actifs numériques donnés ainsi que de sécuriser le règlement de la succession.

26. Le notaire pourra également attirer l'attention de ses clients sur les conséquences de l'utilisation de biens donnés pour acquérir des actifs numériques. Lorsque le donataire a vendu un bien qui lui a été donné et qu'il a réinvesti les sommes dans des actifs numériques ou encore lorsqu'il emploie des sommes d'argent données dans des actifs numériques, la subrogation doit jouer. Dans la première situation, il est prévu par le Code civil que la subrogation joue de plein droit et qu'il y aura lieu de rapporter à la succession la valeur du nouveau bien acquis. Dans la seconde situation, lorsque le donataire emploie des sommes d'argent données, il faudra de la même manière rapporter à la succession la valeur du bien acquis à l'aide de ces sommes. Toutefois, ces règles sont écartées lorsque la dépréciation du nouveau bien était inéluctable, en raison de sa nature, au jour de l'acquisition. Dans ce cas, on rapportera la valeur du bien donné au jour de son aliénation et, le cas échéant, la valeur de la somme d'argent donnée. Or certains actifs numériques sont particulièrement volatils et d'autres encore sont susceptibles de disparition, bien davantage que des actifs non numériques. Partant, pourrait-on considérer que la dépréciation de ces biens est inéluctable? En réalité, pareille conclusion paraît hasardeuse. En effet, il s'agit plutôt d'une incertitude sur la valeur future des biens.

Conclusion. – En définitive, la transmission à titre gratuit d'actifs numériques ne semble pas poser de difficultés techniques insurmontables, qu'il s'agisse

25. V. *supra*, n° 13.
26. G. Goffaut Callebaut et F. Burneau, « La transmission des œuvres d'art numériques », préc., n° 6, p. 43 s.

de la validité du don manuel, de l'acte de donation ou de l'évaluation de ces biens au moment du règlement de la succession. Toutefois, si la volatilité des actifs numériques n'empêche pas leur transmission à titre gratuit entre vifs, leur potentielle inconsistance conduit à en interroger l'opportunité.

En effet, les actifs numériques sont assurément une nouvelle sorte de biens plutôt destinés à créer de la richesse, des revenus qu'à constituer un capital au sens classique du terme. En revanche, une donation consiste à se départir d'une partie de son patrimoine pour enrichir le gratifié. Or la volatilité des actifs numériques peut conduire à s'interroger sur l'enrichissement du gratifié. Aussi, peut-être préférable de transmettre la valeur de ces biens après les avoir « convertis » en argent ou autre bien pour assurer l'enrichissement du gratifié ou encore l'égalité successorale le cas échéant. C'est donc plutôt l'opportunité que la faisabilité de la transmission à titre gratuit des actifs numériques qui doit être envisagée.

Le testament olographe numérique

MARC NICOD
Professeur à l'Université Toulouse Capitole

1. Le testament olographe est régi par un texte unique. L'article 970 du Code civil, inchangé depuis son adoption en mai 1803, prévoit que « le testament olographe ne sera point valable, s'il n'est écrit en entier, daté et signé de la main du testateur : il n'est assujetti à aucune autre forme ». Le formalisme du testament olographe a délibérément été voulu sommaire : il comporte seulement trois solennités, dont le contenu n'est même pas défini par la loi – comme si les codificateurs avaient voulu laisser au juge la plus grande latitude possible dans l'appréciation des conditions de leur accomplissement.

2. Tel que nous le connaissons, le testament olographe est un héritage direct de l'ordonnance d'août 1735 sur les testaments (art. 20). Le Code civil de 1804 n'a guère innové en la matière; son principal apport a été d'autoriser cette forme testamentaire sur l'ensemble du territoire français[1]. À la vérité, l'originalité de l'article 970 réside dans sa formule finale : « il n'est assujetti à aucune autre forme ». Cette précision a pour finalité de lutter contre une tendance naturelle à renforcer un formalisme rudimentaire, qui, parfois, pourrait être jugé insuffisamment protecteur. Comme l'observait en 1930 Marcel Girault : « on ne saurait admettre dans une législation comme la nôtre, où la seule volonté joue un rôle tout puissant, que les tribunaux donnent aux exigences du Code, élémentaires à dessein en matière de testament, une interprétation excessivement formaliste[2] ».

1. Jusqu'en 1804, le testament olographe n'était reçu, dans les ressorts des parlements d'Aix, de Bordeaux, de Grenoble et de Toulouse, que dans le seul cas prévu par la Novelle 107 de Justinien, c'est-à-dire pour le testament *inter liberos*, celui du partage opéré par le père de famille en faveur de ses enfants.
2. M. Girault, *Les particularités du testament olographe*, thèse Paris, 1930, p. 32.

3. En matière de testament olographe, la jurisprudence a globalement privilégié, pourvu que l'intention de tester soit certaine, l'extériorisation de la volonté du testateur. Il est vrai que la forme olographe est le mode le plus simple et le plus naturel offert par la loi civile à celui qui entend manifester ses dernières volontés ; elle est particulièrement accessible et facile d'utilisation, puisqu'il suffit pour tester de disposer d'une feuille de papier et d'un instrument traçant.

4. Depuis son invention en droit romain, au ve siècle de notre ère[3], le testament olographe a peu évolué. Mais aujourd'hui où l'écriture est communément dématérialisée, où il est de plus en plus rare d'écrire avec un stylo ou un crayon, il est permis de s'interroger sur la possibilité de réaliser un testament olographe numérique.

De lege lata, la validité du testament olographe numérique n'est pas assurée. Sa reconnaissance se heurte d'abord à l'exigence d'une écriture manuscrite (C. civ., art. 970) – ce qui paraît néanmoins surmontable –, mais aussi – ce qui est plus délicat – aux limites posées depuis la loi du 21 juin 2004, « pour la confiance dans l'économie numérique », sur la conclusion d'actes solennels par voie électronique (C. civ., art. 1175).

5. Afin d'illustrer la difficulté, on peut avoir recours à une fiction juridique ; il est permis d'imaginer un débat autour d'un testament olographe numérique, rédigé en 2018 et faisant l'objet d'une action en nullité, en 2023, devant le tribunal judiciaire de Limoges.

6. Retenons les faits suivants :

Antoine Mourlon est décédé à Limoges le 14 avril 2020, à la suite d'un accident de la circulation. On a retrouvé dans son bureau sa tablette graphique. Après avoir mis la main sur le code d'accès, sa sœur Alice y a découvert un document, intitulé « En cas décès », qui commence par ses mots : « Ceci est mon testament. » Le texte se poursuit : « Je révoque toute disposition antérieure. Sain de corps et d'esprit, je lègue l'ensemble de mes biens, meubles et immeubles, à ma compagne, Laure Duranton. » Le document enregistré sur la tablette a été écrit à la main, visiblement avec un stylet ; il est daté du 21 mars 2018 ; et il est distinctement signé « Antoine Mourlon ».

Alice a pris contact avec Me Duval, notaire de la famille. Elle lui a remis la tablette de son frère, ainsi qu'une copie papier du texte testamentaire. À partir de ces éléments, l'officier public a, conformément aux exigences de l'article 1007 du Code civil, dressé procès-verbal « de l'ouverture et de l'état du testament, en précisant les circonstances du dépôt ».

3. Consulté sur l'efficacité du testament rédigé de sa main, sur une feuille de papyrus, par une patricienne vivant à la campagne, l'empereur d'Occident Valentinien III admit par rescrit, en 446, la validité de l'acte testamentaire (Nov. Val., 21, 2).

Informés de l'existence de cet acte électronique, les parents d'Antoine ont décidé de contester en justice la validité formelle du « testament » laissé par leur fils.

I. L'EXIGENCE D'UNE ÉCRITURE MANUSCRITE

7. Le qualificatif d'origine grecque « olographe », c'est-à-dire « écrit en entier », ne rend pas toute la richesse de la notion d'écriture prévue à l'article 970 du Code civil. Il y manque la référence à « la main du testateur[4] ». L'écriture du testament olographe doit, en premier lieu, être manuscrite, ce qui sous-entend qu'elle soit personnalisée au moyen de signes graphiques. Mais cet aspect matériel ne suffit pas. Elle doit, en outre, avoir été tracée en connaissance de cause. Autrement dit, il importe que le scripteur ait eu l'intelligence des signes que sa main a formés.

8. Pour remplir le vœu de la loi, l'écriture doit être manuscrite afin de ne laisser aucun doute sur l'identité de son auteur. L'absence d'intermédiaire entre celui qui écrit et l'instrument traçant qu'il utilise assure, par ailleurs, une expression fidèle de sa pensée dernière. L'épreuve du papier permet au testateur de prendre conscience de la portée de son geste, il en mesure l'étendue au fil de la plume. Ainsi, non seulement l'écriture manuscrite facilite l'identification de celui qui teste, mais, au surplus, elle garantit le caractère réfléchi de ses dispositions.

9. Dans cet esprit, la jurisprudence a fermement repoussé le recours à des procédés mécaniques : machine à écrire ou machine à imprimer. À plusieurs reprises au cours du xxe siècle, la Cour de cassation a condamné la pratique du testament dactylographié : « un texte obtenu mécaniquement au moyen des caractères impersonnels d'une machine à écrire ne répond pas à cette condition (écriture de la main du testateur), exigée impérieusement tant à titre de précaution contre les falsifications possibles du testament olographe que pour assurer l'expression exacte et fidèle, par le testateur lui-même, de ses libres volontés[5] ». Il s'agit là, pour la Haute juridiction, d'une question de principe, indépendante de toute considération sur la sincérité de l'acte testamentaire.

Aussi n'y a-t-il pas lieu de s'étonner que les tribunaux refusent, de nos jours, d'admettre l'efficacité d'un acte testamentaire écrit à partir du clavier d'un téléphone et adressé par SMS[6].

---

4. V. notamment, N. Reuter, « La main du testateur », *JCP* 1976. I. 2829.
5. Civ. 18 mai 1936, *DH* 1936. 345. V. également, Civ. 1re, 23 oct. 1984, *Bull. civ.* I, n° 278, p. 236, *Gaz. Pal.* 1985. II. 223, note M. Grimaldi ; Civ. 1re, 24 févr. 1998, *Bull. civ.* I, n° 79, p. 53.
6. TGI Metz, 17 août 2018, *JCP N* 2018. Actu. 729, obs. B. Ancel.

10. Dans l'affaire qui nous occupe, le testament n'a pas été établi au moyen du clavier de la tablette. Antoine Mourlon a pris soin d'écrire à la main, sur sa tablette graphique, à l'aide d'un stylet. Par là, il a incontestablement satisfait à l'exigence d'une écriture manuscrite, telle qu'elle résulte de l'interprétation judiciaire constante de l'article 970 du Code civil.

II. L'INDIFFÉRENCE DU SUPPORT DE L'ÉCRITURE

11. L'article 970 du Code civil ne comporte aucune indication, même par prétérition, sur le support de l'écriture. La jurisprudence en a déduit que le testateur pouvait, par suite, exprimer sa volonté testamentaire sur n'importe quel support. Il n'est nullement tenu de faire usage d'une feuille de papier ; il lui est loisible d'employer d'autres matériaux susceptibles de conserver la trace de l'écriture, tels que du bois, du métal, un linge, un mur, un miroir, *et cetera*.

En 1986, la cour d'appel de Nancy a reconnu la validité d'un testament écrit sur la paroi d'une machine à laver le linge[7]. Toutefois en l'espèce, bien que cette piste n'ait pas été suivie, on aurait pu s'interroger sur la sanité d'esprit du testateur... Et l'on peut plaindre, rétrospectivement, le notaire qui a dû recevoir le dépôt *post mortem* d'un pareil testament olographe.

12. S'agissant du testament laissé par Antoine Mourlon, l'utilisation d'une tablette graphique est aujourd'hui d'un usage commun et ne provoque pas, par elle-même, d'interrogation sur le fond. Tout au plus faudrait-il s'assurer que le scripteur n'est pas agi *jocandi causa*, c'est-à-dire simplement par jeu, sans réelle intention testamentaire.

III. L'OBSTACLE DE L'ARTICLE 1175 DU CODE CIVIL ?

13. L'article 1174 du Code civil enseigne que « lorsqu'un écrit est exigé pour la validité d'un contrat, il peut être établi et conservé sous forme électronique ». Cependant, l'article 1175 ajoute qu'il « est fait exception » à cette possibilité « pour les actes sous signature privée relatifs au droit de la famille et des successions ».

14. Ces textes résultent de la transposition, par la loi du 21 juin 2004, de la directive du 8 mai 2000 tendant à rendre « possible la conclusion de contrats par la voie électronique ».

7. Nancy, 26 juin 1986, *JCP N* 1986. II. 96, note G. Venandet.

Tout en prônant un principe d'identité de la forme papier et de la forme électronique pour les contrats solennels, la directive permettait aux États membres de prévoir des exceptions dans des cas prédéterminés. Lors de l'adoption de la loi de 2004, la France a retenu deux de ces dérogations : l'une pour les actes sous signature privée relatifs au droit de la famille et des successions ; l'autre pour les actes sous signature privée relatifs à des sûretés personnelles ou réelles. Ces restrictions légales, dont le domaine n'a jamais été clairement établi, ont, depuis leur adoption, subi une remise en cause progressive. En premier lieu, la loi du 23 mars 2019 a exclu du registre familial « les conventions sous signature privée contresignées par avocats en présence des parties et déposées au rang des minutes d'un notaire », conformément aux nouvelles règles du divorce par consentement mutuel. Plus récemment, l'ordonnance du 15 septembre 2021 (entrée en vigueur le 1er janvier 2022) a purement et simplement abrogé le second registre, afin de favoriser la dématérialisation des sûretés.

15. Actuellement, l'article 1175 du Code civil continue d'exclure les actes sous seing privé du droit des successions. En conséquence, un testament olographe ne peut pas « être établi et conservé sous forme électronique ». On comprend aisément qu'il en soit ainsi afin de se conformer aux exigences solennelles de l'article 970 du Code civil, notamment à la condition d'écriture manuscrite. Autrement dit, il n'est évidemment pas question de valider un testament olographe rédigé grâce au clavier d'un ordinateur et conservé dans sa mémoire, en arguant des prévisions de l'article 1174 du Code civil.

16. Dans l'affaire qui nous occupe, le testament d'Antoine Mourlon a été établi dans le respect des conditions de l'article 970 du Code civil. Son acte de dernière volonté a été écrit à la main, sans recours à un procédé mécanique, il est par ailleurs daté[8] et signé. Dès lors, il serait contraire au principe de la liberté testamentaire d'en prononcer la nullité sur le seul fondement de l'article 1175 du Code civil.

Certes, ce testament olographe peut être considéré comme ayant été établi « en la forme électronique », puisqu'il a été rédigé sur une tablette graphique et qu'il a été ensuite enregistré au sein des documents. Mais la *ratio legis* de l'exception portée par l'article 1175 commande de ne pas le soumettre à la restriction qu'il édicte. En un mot, il ne s'agit pas tant d'un testament numérique que d'un testament sur support numérique.

Cette solution, que pourrait consacrer le juge limougeaud dans notre procès imaginaire, rejoindrait les propositions du 117e Congrès des notaires

8. Il est à noter, au demeurant, que si ce testament avait été rédigé avant l'entrée en vigueur de la loi du 21 juin 2004, « pour la confiance dans l'économie numérique », le débat sur la validité formelle du testament d'Antoine Mourlon n'aurait pas eu lieu d'être...

de France. En 2021, la deuxième commission du congrès de Nice a retenu, en effet, « la licéité d'un testament rédigé de la main du testateur sur support numérique[9] ».

17. Bien sûr, il serait souhaitable de clarifier la portée de l'article 1175 du Code civil en excluant expressément le testament olographe qui respecterait les conditions de validité de l'article 970 du Code civil. À moins qu'il soit finalement plus cohérent d'abroger purement et simplement ce texte dérogatoire[10].

18. *De lege ferenda*, une nouvelle forme de testament olographe numérique, qui tiendrait compte des apports de la révolution digitale, mériterait de voir le jour. À l'instar de certaines législations étrangères[11], le législateur français pourrait décider d'abandonner le recours aux signes graphiques. Le testateur serait alors libre d'employer la technique d'écriture qui lui conviendrait. En cas d'écriture mécanisée, de nouvelles solennités pourraient être imposées : notamment une signature électronique certifiée et un dépôt sur une *blockchain*.

19. L'enracinement historique de la forme olographe ne la met pas à l'abri des évolutions technologiques. Or le temps n'est plus, comme en droit romain, à la feuille de papyrus et au calame... Il convient aujourd'hui, et plus encore demain, d'accompagner l'entrée du testament olographe dans l'ère digitale.

9. Rapport du 117e Congrès des notaires de France, *Le numérique, l'homme et le droit*, Nice, 2021, n° 2766.
10. F. Binois, « Vers une abrogation de l'article 1175 du Code civil ? », *D.* 2022. 956.
11. V. notamment, N. Laurent-Bonne et C. Pommier, « Le formalisme des testaments à l'épreuve de la révolution numérique », *Solution Notaire Hebdo* 31 mars 2023, p. 2 s., spéc. n° 12.

Rapport de synthèse

MANUELLA BOURASSIN
Professeure de droit privé à l'Université Paris Nanterre

1. Le présent ouvrage rassemble les actes du colloque organisé à Limoges le 31 mars 2023 par Gulsen Yildirim sur un sujet novateur, resté jusqu'alors dans les limbes du droit positif et de la doctrine universitaire : « Patrimoine numérique et droit patrimonial de la famille[1]. » De fait, les ouvrages en cette matière ne consacrent pas, ou peu, de développements au numérique, qui n'est pas même référencé dans les lexiques. Au demeurant, avant ce colloque, aucune journée d'étude n'avait été dédiée à la confrontation du numérique à toutes les branches du droit patrimonial de la famille – régimes matrimoniaux, Pacs, libéralités, successions, indivisions. Sur cet ample sujet, la doctrine notariale a été pionnière, puisque les travaux du 117e Congrès des notaires de 2021, portant sur « Le numérique, l'Homme et le droit », ont exploré le monde numérique et apporté des éléments de réponse à certaines des questions posées par le développement du digital dans les patrimoines des époux et des familles. Il restait toutefois bien des difficultés à envisager et solutionner en termes de qualification, de gestion et de transmission de données numériques au cours de la vie d'un couple ou en cas de décès. Le colloque s'y est employé avec succès.

2. Reconnaissons-le, le sujet est technique dans la mesure où le droit patrimonial de la famille l'est assurément et le numérique évidemment. La confrontation des deux aurait pu être ésotérique. Le colloque a conjuré ce risque grâce à la clarté des intervenants et également à la faveur des angles d'analyse privilégiés, davantage juridiques que technologiques. Effectivement, l'intérêt s'est porté sur le numérique comme objet de droits, plutôt que comme technologie d'information et de communication se déclinant en d'innombrables outils et supports de transactions.

Ce n'est pas dire qu'ont été occultés les outils numériques que l'on rencontre déjà dans les relations patrimoniales familiales et qui s'y développeront

1. Le style oral de notre intervention a été conservé. Ont été ajoutées des notes renvoyant aux contributions précédentes, dont le présent rapport de synthèse ne peut qu'évoquer toute la richesse.

sans doute. Ont été évoqués : les plateformes qui gèrent les portefeuilles d'actifs numériques reposant sur la technologie *blockchain* et permettent d'acheter, vendre, échanger des cryptomonnaies ; les sites internet qui proposent aux particuliers de recenser leurs divers contenus numériques, notamment pour en faciliter la transmission entre vifs ou *post mortem* ; les différents supports électroniques (tablette graphique accompagnée d'un stylet, fichiers d'ordinateur, messages ou vidéos sur les *smartphones*) qui concurrencent voire supplantent *de facto* le papier, tandis que le Code civil continue de rejeter leur équivalence, quant au formalisme *ad validitatem*, dans le domaine des « actes sous signature privée relatifs au droit de la famille et des successions » (art. 1175), ce qui pose le problème de l'évolution du testament olographe sous l'influence du numérique[2].

Ces divers outils numériques ont été envisagés, mais sans constituer le cœur des réflexions, puisque le colloque n'a pas porté sur le numérique en général, mais sur le « patrimoine numérique ».

3. Comme l'a d'emblée expliqué très clairement Karl Lafaurie[3], cette expression ne recouvre pas une universalité de droit distincte du patrimoine dont chaque personne est titulaire. S'y opposent, outre la théorie classique de l'unicité du patrimoine, tant l'inexistence d'un passif numérique qui serait le corollaire des actifs numériques, que l'extrême diversité des données numériques qui s'oppose à la reconnaissance d'une finalité commune et par là même d'un patrimoine d'affectation, séparé du patrimoine traditionnel. En réalité, de la même manière que les activités sur le Net ne sont qu'un aspect de la vie privée ou publique, les choses numériques appropriées ou appropriables et ayant une valeur pécuniaire[4] ne sont que des éléments de l'actif.

4. Le colloque a appréhendé les diverses composantes numériques du patrimoine comme des objets de droit, dans les deux acceptions primordiales de ce terme : le droit objectif, c'est-à-dire les règles de droit qui leur sont applicables ;

2. V. *supra*, M. Nicod, selon lequel « l'article 1175 du Code civil continue d'exclure les actes sous seing privé du droit des successions afin de se conformer aux exigences actuelles de l'article 970 du Code civil ». Or l'écriture à la main d'un testament sur une tablette graphique, au moyen d'un stylet, « satisfait incontestablement à l'exigence d'une écriture manuscrite, telle qu'elle résulte de l'interprétation judiciaire constante de l'article 970 du Code civil ». En conséquence, « il serait contraire au principe de la liberté testamentaire de prononcer la nullité [d'un tel testament] sur le fondement de l'article 1175 du Code civil », lequel mériterait toutefois d'être clarifié « en excluant expressément le testament olographe qui respecterait les conditions de validité de l'article 970 du Code civil. À moins qu'il soit finalement plus cohérent d'abroger purement et simplement ce texte dérogatoire » et « d'accompagner l'entrée du testament olographe dans l'ère digitale ».

3. V. *supra*, K. Lafaurie.

4. Sur l'architecture de valeur dans le numérique, v. *supra*, F. Acquatella. Sur la volatilité des cryptoactifs qui exclut *de facto* la fonction de réserve de valeur et toutes les autres fonctions fondamentales de la monnaie, v. *supra*, P.-N. Rehault.

les droits subjectifs qu'ils procurent, ou bien qu'ils altèrent, au bénéfice ou au détriment des membres d'un couple ou plus largement d'une famille.

Les intitulés des parties du colloque et de cet ouvrage témoignent de l'angle d'analyse commun à ces deux perspectives, celui de la mise à l'épreuve que représente le développement des données numériques dans le patrimoine des couples et des familles. À l'égard du droit objectif, la question principale est de savoir si, en l'absence de règles propres aux nouveaux actifs numériques dans les branches du droit civil concernées – droit des régimes matrimoniaux, droit du Pacs, droit de l'indivision, droit des successions et libéralités –, les règles générales du droit du patrimoine sont adaptées ou au contraire surannées. Vis-à-vis des droits subjectifs, l'interrogation porte sur l'influence exercée par le développement des actifs numériques sur les droits et libertés fondamentaux qui s'exercent dans les relations familiales, en particulier sur le regain ou le recul de l'égalité et de la liberté au sein des couples et des familles.

Dans l'intention de rendre compte de la richesse du colloque, nous mettrons en exergue les réponses apportées aux questions intéressant les effets du numérique, *primo*, sur la modernité du droit patrimonial (I) et, *secundo*, sur l'idéologie des relations familiales (II).

I. LA MODERNITÉ DU DROIT PATRIMONIAL DÉFIÉE PAR LE NUMÉRIQUE

5. En l'absence d'un droit civil propre au numérique (qui n'est peut-être pas souhaitable d'ailleurs), l'expansion du numérique en général et dans les patrimoines en particulier défie le droit objectif qui n'a pas été élaboré pour s'y appliquer. Ce développement pose la question de l'échec ou du succès de l'acculturation du droit du patrimoine au numérique. Le colloque a permis d'apporter une réponse nuancée en faisant ressortir les notions et les règles qui, à l'épreuve de la digitalisation des patrimoines, apparaissent dépassées et celles qui, à l'inverse, sont appropriées voire revigorées. S'évince des travaux de la journée une distinction nette entre l'obsolescence du droit commun des biens (A) et la résistance du droit patrimonial de la famille (B).

A. L'OBSOLESCENCE DU DROIT COMMUN DES BIENS

6. L'obsolescence de pans entiers du livre II du Code civil, dénoncée depuis plusieurs décennies, est confirmée et même accentuée par la confrontation du droit patrimonial de la famille, qui en est l'une des ramifications, aux nouveaux objets numériques. Deux de leurs particularités déstabilisent profondément de nombreuses notions et distinctions du droit commun des biens.

D'une part, le caractère hybride de certains objets numériques bouleverse les *summae divisiones* les plus structurantes. Ainsi, la distinction des personnes et des choses, tout comme celle de l'extrapatrimonial et du patrimonial, sont-elles brouillées notamment par les avatars et leurs accessoires que l'on trouve dans les univers numériques virtuels tels que les *metavers*, et plus encore par les données numériques à caractère personnel qui peuvent être appréhendées comme de véritables biens ou comme des droits de la personnalité, au point que François Acquatella a relevé que « le premier actif numérique, c'est nous, c'est-à-dire nos données et l'audience que l'on donne à celle des autres ».

D'autre part, la désuétude du droit commun des biens est révélée par le caractère évolutif dans le temps de certains objets numériques. Cette évolution atténue l'opposition entre le personnel et le pécuniaire. Des exemples significatifs en sont fournis par les comptes de réseaux sociaux et les blogs, qui peuvent changer de nature et de régime si leur titulaire devient un influenceur : des choses peuvent devenir des biens ; des biens propres peuvent laisser place à des biens communs. Au problème de requalification s'ajoute celui de la datation du changement de nature et de régime qui s'ensuit.

7. Le développement du numérique conforte donc le constat d'un droit commun des biens miné dans ses fondations mêmes, partant, la nécessité de réfléchir à un modèle post-moderne régénéré sous son influence. Des pistes ont été avancées en ce sens.

Certaines concernent des notions et des mécanismes connus, mais dont le régime mériterait d'être étoffé dans le livre II du Code civil en tenant compte des caractéristiques des biens numériques qu'ils reflètent. Tel est le cas de la notion d'universalité de fait (elle trouve de nouvelles déclinaisons avec les ensembles de données numériques dont la valeur augmente avec le nombre, ainsi que les portefeuilles d'actifs numériques, tels ceux gérés par des plateformes d'échange) et du mécanisme de la subrogation réelle susceptible de jouer au sein de l'universalité. Tel est le cas également de la détention précaire (elle fait figure de principe à l'égard des logiciels, des musiques, des livres et des films numériques accessibles sur des plateformes, sans achat), de la fongibilité (à distinguer de la duplication) et encore de la représentation des biens et des droits par des titres, y compris numériques[5].

D'autres pistes d'adaptation du droit commun des biens résultent des nouvelles distinctions qu'inspire le numérique. Par exemple, celle des biens objectifs ou subjectifs fondée sur leur valeur seulement vénale ou affective et la sous-distinction relative aux biens objectifs selon que leur valeur est intrinsèque, immanente ou extrinsèque, sous-jacente[6]. La classification des biens pourrait aussi s'enrichir de l'opposition entre ceux durables et ceux précaires, sans être pour autant consomptibles. Quant à la patrimonialité, une dissociation tenant à la transmissibilité ou non mériterait d'être consacrée,

5. Sur les différentes analyses de la représentation numérique des droits, qui caractérise les jetons, v. *supra*, T. Leobon.
6. Rappr. la distinction entre les biens numériques « purs » et les titres numérique : v. *supra*, K. Lafaurie.

comme l'a suggéré Karl Lafaurie en détaillant les fondements de l'intransmissibilité de contenus numériques (des clauses contractuelles qui limitent les prérogatives à des droits précaires, évanescents ; des mesures techniques d'obsolescence qui rendent inutilisables des biens pourtant inusables).

8. Certes, toutes ces notions et distinctions ne concernent pas que les objets numériques. D'ailleurs, la plupart ont été mises en avant par la doctrine avant l'apparition de ces derniers, particulièrement vis-à-vis d'autres biens incorporels et universalités de fait. Cependant, le développement des nouvelles technologies donne aux propositions d'évolution du droit commun des biens une pertinence supplémentaire et invite à une généralisation. Plutôt qu'une nouvelle spécialisation, voire « pulvérisation » du droit des biens[7], par suite de l'élaboration de notions et de règles propres aux composantes numériques du patrimoine, il est souhaitable que le droit commun des biens se régénère sous l'influence de ces évolutions technologiques.

De lege ferenda, cette régénérescence du droit commun patrimonial rejaillirait sur les règles spéciales qui s'y rapportent, au premier chef le droit patrimonial de la famille (peut-être pour reconnaître de nouveaux biens propres par nature, telles les données numériques ayant un lien étroit avec la personne d'un époux).

De lege lata, l'obsolescence du droit commun des biens face au déploiement du numérique contraste avec la modernité des règles spéciales en matière conjugale et successorale. Le second apport majeur du colloque sous l'angle des effets du numérique sur le droit objectif réside dans la révélation de cette résistance du droit patrimonial de la famille.

B. LA RÉSISTANCE DU DROIT PATRIMONIAL DE LA FAMILLE

9. La résistance du droit patrimonial de la famille aux défis lancés par le numérique a été dévoilée tant par les contributions consacrées aux couples, qui ont mis en exergue l'adaptation des qualifications usuelles du droit des régimes matrimoniaux et du droit patrimonial du Pacs, que par les contributions dédiées au décès et à son anticipation, qui ont fourni des illustrations de la réactivation de plusieurs mécanismes du droit des successions et des libéralités en présence d'un patrimoine numérique, l'ensemble révélant l'acculturation réussie du droit patrimonial de la famille aux actifs numériques.

10. Concernant la « capacité d'adaptation exceptionnelle » du droit des régimes matrimoniaux[8], elle provient de la malléabilité des critères de qualification des biens des époux inscrits dans les articles 1401 et suivants du Code civil.

---

7. R. Libchaber, « La recodification du droit des biens », in *Le Code civil 1804-2004. Livre du Bicentenaire*, Dalloz-Litec, 2004, p. 297 s.
8. Qualité reconnue par Bernard Vareille lors des discussions ayant jalonné le colloque.

Alors qu'aucun, de toute évidence, n'a été énoncé par la loi du 13 juillet 1965 en envisageant des actifs numériques, ceux-ci peuvent être qualifiés de biens communs ou de biens propres, fût-ce par analogie avec des actifs préexistants. Ainsi, les qualifications usuelles du droit des régimes matrimoniaux ont-elles été passées en revue par Gulsen Yildirim, qui a souligné la « formidable actualité » des règles du régime légal[9].

La qualification de biens communs est applicable : aux actifs numériques, notamment aux cryptomonnaies, acquis à titre onéreux durant le mariage par les époux ensemble ou séparément, le cas échéant sur le fondement de la présomption de communauté, fort utile en cas de doute sur l'origine d'un bien et/ou sur sa qualification ; aux unités de cryptomonnaie nées d'une « bifurcation » sur la *blockchain*, qui peuvent être considérées comme des fruits de la cryptomonnaie originaire, donc comme des biens communs lorsque celle-ci était propre à l'un des époux[10] ; aux rémunérations perçues par les mineurs de cryptomonnaies qui peuvent être qualifiées de revenus du capital et tomber en communauté si elles sont perçues pendant le mariage ; aux revenus issus de l'activité numérique de l'un des époux (par exemple, le *sponsoring* d'un blog à succès ou d'une chaîne YouTube peut générer les « produits de l'industrie personnelle » d'un époux visés par l'article 1401 du Code civil[11]) ; au produit de la vente pendant le mariage d'un actif numérique propre sans accomplissement des formalités d'emploi ou de remploi, lesquelles sont difficiles à effectuer dans le cadre des opérations sur les plateformes d'échange ; aux produits pécuniaires provenant de l'exploitation d'une œuvre de l'esprit numérique.

La qualification de bien propre peut jouer, le cas échéant, sauf récompense due à la communauté, à l'égard : des biens numériques constitutifs d'instruments de travail nécessaires à la profession d'un époux, hormis les accessoires d'un fonds de commerce commun, par exemple le compte sur un réseau social d'un époux influenceur ; des actifs numériques acquis en échange d'un bien propre ou des biens non monétaires acquis grâce à des cryptomonnaies propres, sur le fondement de la subrogation automatique de

9. V. *supra*, G. Yildirim : « les vieux canons de la communauté légale déploient leur incroyable modernité et leur capacité de s'adapter. Ils permettent de trancher sans grande difficulté la qualification des biens numériques ».

10. À moins que l'intensité du lien de dépendance entre les deux catégories de biens issues de la bifurcation soit telle que la nouvelle monnaie puisse être qualifiée d'accessoire de la première et être alors traitée comme un bien propre (v. *supra*, G. Yildirim).

11. La solution est inverse dans le cadre du Pacs (C. civ., art. 515-5-2) : sont exclus de l'indivision conventionnelle des acquêts et demeurent la propriété exclusive de chaque partenaire les deniers perçus par chacun, à quelque titre que ce soit, postérieurement à la conclusion du pacte et non employés à l'acquisition d'un bien, notamment les rémunérations tant périodiques qu'épisodiques, les bénéfices issus de l'exploitation d'une entreprise, ce qui peut recouvrir les revenus d'un influenceur ou l'exploitation d'une œuvre de l'esprit numérique. V. *supra*, W. Baby, qui souligne que « le patrimoine numérique est souvent le révélateur des différences avec le régime légal » applicable aux époux.

l'article 1407 du Code civil ou par l'accomplissement des formalités (double déclaration) d'emploi ou de remploi[12]; d'un droit moral sur une œuvre de l'esprit numérique.

11. L'adaptation du droit des régimes matrimoniaux ressort en outre de la possibilité de transposer certaines constructions jurisprudentielles aux actifs numériques. Ainsi, la distinction du titre et de la finance mérite-t-elle d'être éprouvée relativement aux actifs numériques présentant une dimension patrimoniale mais aussi un fort *intuitu personae*, qui pourraient être traités uniquement comme des biens communs en valeur (ce n'est sans doute pas le cas des *tokens* ni des cryptomonnaies dans la mesure où le titre qui les représente n'est pas la contrepartie d'une compétence, d'une expérience professionnelle personnelle, au contraire des comptes d'un influenceur). La solution jurisprudentielle relative aux *stock options* (c'est-à-dire la thèse dite « commercialiste » selon laquelle il s'agit de biens propres, le cas échéant sauf récompense due à la communauté ou à l'époux titulaire, mais leur produit est commun) pourrait être étendue à des actifs numériques attribués en contrepartie de l'activité professionnelle d'un époux, spécialement des jetons d'utilité[13].

12. Concernant le droit des successions et des libéralités, on peut même parler d'une vivification tant le numérique donne l'occasion de raviver des mécanismes tombés en désuétude. Sous l'influence du numérique, divers mécanismes traditionnels de transmission connaissent une seconde jeunesse, parfois il est vrai au prix d'une certaine dénaturation. Trois exemples peuvent être donnés. Les deux premiers sont relatifs à l'objet de la transmission et dérogent au principe de l'unité de la succession *ab intestat*. Le troisième constitue un mode de transmission testamentaire.

D'abord, les souvenirs de famille. Cette notion, créée par la jurisprudence et traditionnellement appliquée à un nombre limité de choses, pourrait s'appliquer à des objets numériques qui ont un rapport direct avec plusieurs membres d'une famille et ont une valeur essentiellement morale, comme des photographies numériques ou des messages électroniques. La loi pour une République numérique du 7 octobre 2016 a retenu cette qualification à l'égard des données numériques à caractère personnel. Jérémy Houssier a dénoncé la dénaturation qui en résulte dès lors que la notion et le régime

12. Cependant, si les unités de cryptomonnaies acquises avant le mariage sous le régime légal sont appréhendées, non pas isolément, mais comme les composantes d'un portefeuille, la qualification de bien propre peut être maintenue lors des opérations ponctuelles de conversion en une autre monnaie virtuelle ou en monnaie légale, sans formalité d'emploi ou de remploi.

13. *Contra*, v. *supra*, G. Yildirim, qui reconnaît qu'« il faudrait néanmoins tenir compte de la diversité des titres et de la création constante de nouveaux produits dans ce monde virtuel ».

des souvenirs de famille ont été intégralement pensés eu égard à leur corporalité et à l'impossibilité d'un partage matériel, l'une et l'autre par hypothèse absentes du monde numérique, caractérisé par l'immatérialité et l'ubiquité[14].

Ensuite, et pour éviter la dénaturation précitée, la reconnaissance d'une nouvelle succession anomale pour les données à caractère personnel, lorsque la personne concernée n'a pas laissé à leur sujet de directive *post mortem*. Il s'agirait d'étendre celle déjà consacrée pour certains droits de propriété intellectuelle relatifs à des œuvres de l'esprit numérique (droit moral de divulgation, droit patrimonial d'exploitation)[15].

Enfin, le testament mystique peut être réactivé afin de léguer à la fois les actifs numériques et leurs modes d'accès : les clés doivent être expressément l'objet du legs, car ce ne sont pas de simples accessoires; le testament mystique peut les contenir, alors que dans les autres formes de testament, seul leur emplacement peut être précisé.

13. Le colloque a donc permis de mettre au jour, tant la résistance des règles spéciales du droit patrimonial de la famille, que l'obsolescence du droit commun des biens face au numérique, c'est-à-dire l'ambivalence des effets de la digitalisation sur le droit du patrimoine. Sous l'angle du droit objectif, le numérique souffle donc en quelque sorte le chaud et le froid sur les notions, les mécanismes et les règles en vigueur.

Si l'on change de point de vue pour s'intéresser désormais aux effets du numérique sur l'idéologie qui entoure les droits subjectifs en cause, le bilan paraît beaucoup moins équivoque, dans la mesure où le numérique fait souffler un vent de libéralisme sur les relations familiales.

II. L'IDÉOLOGIE DES RELATIONS FAMILIALES RENOUVELÉE PAR LE NUMÉRIQUE

14. Le colloque a dévoilé les effets du numérique sur l'idéologie qui innerve les relations familiales patrimoniales. Il appert qu'entre ces « sœurs ennemies » que sont l'égalité et la liberté, le numérique donne la primauté à la seconde. Le libéralisme, qui est au soubassement du développement des nouvelles technologies (voire le libertarisme s'agissant de la *blockchain*), gagne les relations familiales au gré du déploiement du numérique en leur sein. La raison en est que le numérique emporte autant la création d'inégalités (A) qu'une promotion de la liberté (B).

14. V. *supra*, J. Houssier.

15. Sur le rapprochement avec les successions anomales déjà reconnues à l'égard de propriétés intellectuelles, v. *supra*, J. Houssier.

A. LA CRÉATION D'INÉGALITÉS

15. À rebours de l'égalité que le droit patrimonial de la famille contemporain a cherché à étendre, particulièrement en matière matrimoniale et successorale, le développement des actifs numériques dans les relations familiales occasionne deux types de nouvelles inégalités contre lesquelles les sanctions habituelles en ces domaines sont essentiellement vaines.

16. La première espèce d'inégalités accompagnant les actifs numériques intéresse la répartition des richesses : le numérique dresse des obstacles à la mise en commun familiale et facilite au contraire l'appropriation individuelle. Deux de ses spécificités l'expliquent.

Il s'agit, d'une part, de l'opacité des actifs numériques, dont les causes sont diverses, à la fois techniques (dès lors que la cryptographie est utilisée afin de les identifier et les tracer, les opérations afférentes peuvent être réalisées sans aucun écrit, ni registre, ni tiers de confiance ; de plus, les opérations sont couvertes par le pseudonymat) et juridiques (en particulier, le système fiscal déclaratif). Cette opacité favorise les inégalités patrimoniales, puisqu'elle facilite l'appropriation exclusive des actifs numériques en question par l'un des membres du couple, le cas échéant en contradiction avec les règles du régime patrimonial qui devraient fonder une propriété collective ou des récompenses ou encore une indemnisation en cas d'appauvrissement de la communauté ou de l'indivision. En matière de libéralités et de successions, l'inégalité peut résulter d'un don manuel d'actifs numériques[16], qui cumule l'opacité de ce type de libéralité non notariée et l'opacité des biens ainsi transmis, de sorte que se trouvent entravés les mécanismes de rééquilibrage comme le rapport ou la réduction[17].

D'autre part, l'inégalité dans la répartition des richesses peut procéder de l'exceptionnelle volatilité, à la hausse comme à la baisse, des actifs numériques, largement supérieure aux variations de valeur des titres sociaux et des instruments financiers[18]. Elle se manifeste en cas de divorce (si la différence de valeur est importante entre la date de dissolution du régime matrimonial

16. V. *supra*, O. Vergara, qui relève une limite à l'absence de formalisme et d'intermédiation de tiers de confiance, lorsque le don manuel porte sur des *tokens* qui représentent des droits immobiliers soumis à publicité foncière.

17. V. *supra*, O. Vergara, qui rappelle que le don manuel, soit par un virement de compte à compte *via* une plateforme, soit par la remise du portefeuille froid contenant la clé cryptographique privée, est le « mode privilégié » de transmission à titre gratuit des cryptoactifs en raison de sa simplicité et de son adaptation à leur mode de détention, mais insiste sur les difficultés et les risques importants que cette forme de libéralité implique. Elle conclut qu'il est « préférable de transmettre la valeur de ces biens après les avoir convertis en argent ou autre bien pour assurer l'enrichissement du gratifié ou encore l'égalité successorale ».

18. Sur la vulnérabilité des cryptoactifs aux mouvements de spéculation et de paniques et leur volatilité hors norme en étendue (taux de variation à 4 chiffres) et en fréquence, v. *supra*, P.-N. Rehault.

et celle de la jouissance divise) et également en cas de décès (au moment de la liquidation et du partage de la succession, lors des opérations de rapport et de réduction des libéralités), s'il existe des variations importantes de valeur entre les différentes dates à prendre en compte (donation, décès, éventuels aliénations et remplois du produit de la vente, jouissance privative dont la datation est déterminante[19]), ce qui crée ou aggrave des inégalités entre héritiers, voire porte atteinte à leur réserve héréditaire.

17. La seconde espèce d'inégalités affecte l'exercice des pouvoirs vis-à-vis des actifs numériques dont plusieurs personnes sont titulaires : dans le cadre du régime matrimonial légal[20] ou d'une indivision post communautaire ou successorale[21], le numérique favorise une gestion exclusive plutôt que concurrente, conjointe ou commune, et ce pour des raisons d'ordre pratique essentiellement. De fait, un monopole est procuré par la détention des modes d'accès aux actifs numériques, particulièrement des clés cryptographiques privées permettant d'effectuer des opérations sur les cryptomonnaies et les jetons inscrits sur une *blockchain*. Au demeurant, lorsque les cotitulaires n'ont pas les mêmes aptitudes dans le maniement des outils numériques, surtout si l'une est frappée d'illectronisme, est accru le risque de gestion exclusive par un autre et donc d'inégalité de pouvoirs entre les copropriétaires.

18. Face aux inégalités qui entourent l'appropriation et la gestion des actifs numériques, l'efficacité des dispositifs préventifs ou des sanctions traditionnels du droit patrimonial de la famille est très relative[22]. Effectivement, la limitation voire le retrait des pouvoirs ou l'engagement de la responsabilité de celui qui gère mal des biens appartenant en partie à d'autres personnes (tel un époux à l'égard des biens communs ou un indivisaire), le recel de communauté, le recel successoral ou encore les indemnités dues par celui ayant la jouissance privative et exclusive d'une propriété collective, se heurtent à d'importants obstacles en présence d'actifs numériques : des difficultés probatoires liées à leur propre opacité et à celle des opérations dont ils font l'objet ; des difficultés d'appréciation des fautes de gestion en raison de

19. V. *supra*, A. Chamoulaud-Trapiers, qui remarque que la fixation de cette date à celle du décès « peut s'avérer particulièrement contraire à l'égalité du partage, les valeurs des *tokens* ou des cryptomonnaies étant particulièrement fluctuantes ».
20. Sur la rencontre discordante entre les classiques règles de gestion du régime légal et les atypiques actifs numériques et même l'antagonisme entre eux par le risque important d'exclusion de l'un des époux de la gestion du patrimoine numérique commun, v. *supra*, A. Chamoulaud-Trapiers. *Adde*, v. *supra*, N. Mouligner-Baud, qui relève que la gestion exclusive de fait des actifs numériques communs par l'un des époux rejoint les impératifs du numérique : la rapidité, l'efficacité et la sécurité, notamment par l'éviction du risque de duplication des opérations. En matière de Pacs, v. *supra*, W. Baby.
21. Sur l'inadaptation partielle du droit de l'indivision aux actifs numériques indivis dont l'accès nécessite un code ou une clé cryptographique, v. *supra*, A. Chamoulaud-Trapiers.
22. V. *supra*, N. Mouligner-Baud et A. Chamoulaud-Trapiers.

leur caractère volatile ; des difficultés d'exécution des décisions judiciaires lorsque sont en cause des actifs numériques conservés sur des plateformes. Par ailleurs, la nullité pour non-respect d'une règle de cogestion (notamment en cas de donation par un seul époux de cryptomonnaies communes) est rendue inefficace, juridiquement, par la présomption de pouvoir des époux en matière de meubles (ce que sont les actifs numériques), que l'acquéreur pourrait invoquer, et techniquement par l'irrévocabilité des opérations effectuées sur la *blockchain*, qui contredit la rétroactivité de la nullité.

Le déploiement des actifs numériques dans le patrimoine des couples et des familles emporte donc un recul de l'égalité d'autant plus redoutable que les spécificités de ces actifs confèrent une impunité aux inégalités dans la répartition des richesses comme dans l'exercice des pouvoirs.

À l'inverse, sous l'influence du numérique, un autre marqueur essentiel de l'idéologie contemporaine des relations familiales connaît un regain : la liberté.

B. LA PROMOTION DE LA LIBERTÉ

19. Sous l'effet du numérique, la promotion de la liberté dans les relations familiales patrimoniales revêt deux aspects majeurs.

Le premier tient au renforcement de l'indépendance dans la gestion des biens. Dans le régime matrimonial légal, les actifs numériques sont peu soumis à la cogestion et relèvent pour l'essentiel d'une maîtrise exclusive ou concurrente. En effet, sont applicables à de nombreux actifs numériques les règles de pouvoir du régime primaire qui confèrent une autonomie aux époux : la présomption de pouvoir sur les meubles (qui existe également dans le régime légal du Pacs) ; l'indépendance vis-à-vis des biens personnels, des gains ou salaires et encore des biens qui participent à l'exercice de la profession.

20. Le second aspect de la promotion de la liberté réside dans l'expression de la volonté. Or, compte tenu des risques, des incertitudes qui entourent la qualification, la gestion et la transmission des objets numériques, leur développement dans les relations familiales incite, pour gagner en sécurité, à anticiper en exprimant des volontés individuelles ou en concluant des pactes de famille. Au cours du colloque, de nombreux exemples en ont été fournis.

Du côté des volontés individuelles, rappelons les directives anticipées sur le sort *post mortem* des données à caractère personnel (conservation, communication, effacement...), ainsi que la personne désignée pour les exécuter (possiblement en dehors de la sphère des successeurs *ab intestat* ou testamentaires[23]) – directives consacrées par la loi sur la République numérique de 2016, mais

23. À l'égard des données numériques à caractère personnel, il y aurait donc à la fois une « sorte d'exhérédation numérique » et « une sorte de sacralité *post mortem* » de la volonté du défunt, susceptible de contredire les droits patrimoniaux et extrapatrimoniaux des héritiers (v. *supra*, J. Houssier).

dont l'effectivité est toujours limitée, pour ne pas dire « chimérique[24] », faute de décret d'application relatif au tiers de confiance en charge des directives générales et à la création d'un registre de conservation de celles-ci. Il a par ailleurs été question des legs d'actifs numériques, dont l'utilité est manifeste en vue d'éviter leur disparition dans le cadre de la succession *ab intestat*.

Quant aux pactes de famille, diverses illustrations ont été présentées, qui témoignent d'un renouveau du mouvement de contractualisation de la famille sous l'influence du numérique. Il peut s'agir, d'abord, de conventions matrimoniales ou de clauses d'un Pacs[25] destinées notamment à clarifier la qualification des actifs numériques, à préciser les pouvoirs de chaque époux ou partenaire à leur égard, à faciliter leur évaluation ou encore à déterminer leur sort au moment de la séparation du couple. Il peut s'agir, ensuite, de conventions d'indivision, qui permettent de sécuriser les modalités de gestion, en particulier par la désignation d'un gérant et/ou l'aménagement des règles de majorité[26]. Enfin, la liberté et la sécurité peuvent se conjuguer en matière de donation d'actifs numériques[27], par exemple par la conclusion d'un pacte adjoint à un don manuel, par le recours à une donation-partage afin d'éviter les problèmes de valorisation résultant de la volatilité des biens transmis[28] ou, dans la même optique, par la stipulation dans une donation notariée d'actifs numériques d'un rapport forfaitaire[29] ou d'une clause de remploi[30].

21. Si la liberté contractuelle est stimulée et indéniablement utile en présence d'objets numériques, elle ne saurait dépasser les bornes qu'érige l'ordre public. En atteste un arrêt récent de la première chambre civile de la Cour de cassation[31] relatif à la révocation d'une donation, du commun accord du donateur et du donataire, pour éviter que celui-ci ne soit tenu au décès de celle-là d'une indemnité de réduction (en l'espèce, la somme d'argent donnée avait été investie dans des parts de sociétés, dont la valeur avait fortement augmenté, ce qui laissait craindre une atteinte à la réserve héréditaire de la fille du donateur). La cour d'appel avait validé cette révocation. Son arrêt a été cassé au visa des anciens articles 1131 et 1133 du Code civil, sièges de la

24. V. *supra*, J. Houssier.
25. Spécialement, des aménagements du régime de l'indivision d'acquêts comme la répartition active et passive du patrimoine numérique (extension ou réduction de la masse indivise des acquêts), des modalités de gestion et de partage (v. *supra*, W. Baby).
26. V. *supra*, A. Chamoulaud-Trapiers.
27. V. *supra*, O. Vergara.
28. En raison de l'absence de rapport et du gel des valeurs au jour de la donation pour le calcul de la réserve héréditaire si les conditions de l'article 1078 du Code civil sont réunies.
29. La différence de valeur entre le montant forfaitaire et la valeur réelle des cryptomonnaies données lors du décès représente un avantage indirect hors part successorale imputable sur la quotité disponible, donc la clause de rapport forfaitaire permet de diminuer, soit le risque d'une réduction de la donation, soit l'éventuelle part réductible.
30. Elle impose au donataire d'employer le produit de la vente de l'actif numérique à l'acquisition d'un bien dont la valeur est stable.
31. Civ. 1re, 30 nov. 2022, n° 21-11.507.

cause de l'obligation et du contrat avant la réforme du droit des obligations de 2016 : la cour d'appel aurait dû rechercher si la cause de l'acte révocatoire ne résidait pas dans la volonté des parties de contourner les dispositions d'ordre public de l'article 922 du Code civil protégeant la réserve héréditaire. Cette limite à la liberté contractuelle devrait également jouer en présence d'actifs numériques hautement volatils.

22. En définitive, « le monde libertaire numérique ne parvient pas à échapper aux fourches caudines[32] », ni du droit patrimonial de la famille en particulier, ni du droit civil en général. Le colloque a parfaitement démontré qu'il est moins question d'une acculturation du droit civil au numérique que d'une civilisation des actifs numériques[33].

32. V. *supra*, G. Yildirim.
33. Sur la civilisation du monde numérique, v. M. Bourassin, « Le numérique, l'Homme et le droit. Rapport de synthèse du 117e Congrès des notaires de France », *JCP N* 22 oct. 2021, suppl. au n° 42-43, p. 43 s.

pcacmb
édition pré-presse
livres numériques

44400 Rezé

FSC
www.fsc.org
MIXTE
Papier | Pour une gestion forestière responsable
FSC® C022829

723075 – (I) – OSB - 90g – NOR – (CDR)
Achevé d'imprimer en avril 2024
sur les presses de la Nouvelle Imprimerie Laballery
58500 Clamecy
Dépôt légal : mai 2024 – N° d'impression : 404219

Imprimé en France